JULIUS FORSCHT

FUßBALL

FORSCHEN, ENTDECKEN, BASTELN

Michael König

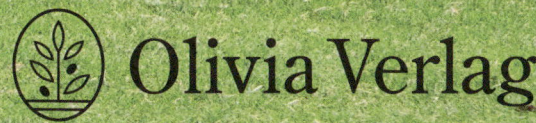

Olivia Verlag

INHALT

- 4 ELF FREUNDE MÜSST IHR SEIN
- 6 GRUNDLAGEN
- 22 AUSSTATTUNG UND TRAINING
- 44 AUFSTELLUNG UND SPIELSYSTEME
- 62 STANDARDS UND TECHNIKEN
- 78 VEREINE UND TURNIERE
- 96 IMPRESSUM

ELF FREUNDE MÜSST IHR SEIN

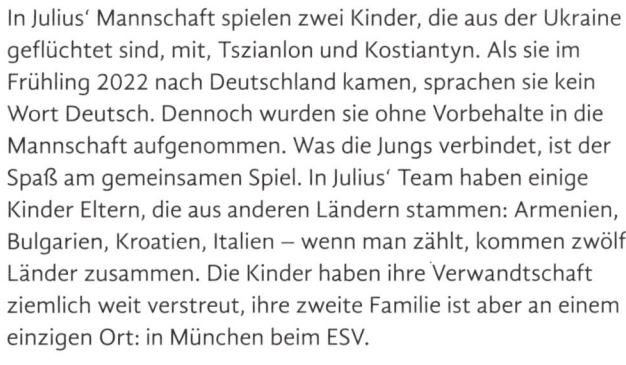

FORSCHEN

Dieser Spruch steht auf dem Sockel des Victoria-Pokals, den die Sieger der Deutschen Fußballmeisterschaft in den Jahren 1903 bis 1944 erhielten. Heute wird den Vereinen die Meisterschale als Trophäe übergeben. Der vollständige Spruch lautet: „Elf Freunde müsst ihr sein, wenn ihr Siege wollt erringen." Und was ist, wenn nicht alle in der Mannschaft Freunde sind? Verliert das Team dann? Das ist damit nicht gemeint, sondern dass alle zusammenhalten und sich gegenseitig unterstützen sollen, so wie Freunde das tun. Und dabei ist es egal, ob sie in der Schule gut sind oder nicht, sich die neuesten Fußballschuhe leisten können oder nicht oder fließend Deutsch sprechen oder nicht.

In Julius' Mannschaft spielen zwei Kinder, die aus der Ukraine geflüchtet sind, mit, Tszianlon und Kostiantyn. Als sie im Frühling 2022 nach Deutschland kamen, sprachen sie kein Wort Deutsch. Dennoch wurden sie ohne Vorbehalte in die Mannschaft aufgenommen. Was die Jungs verbindet, ist der Spaß am gemeinsamen Spiel. In Julius' Team haben einige Kinder Eltern, die aus anderen Ländern stammen: Armenien, Bulgarien, Kroatien, Italien – wenn man zählt, kommen zwölf Länder zusammen. Die Kinder haben ihre Verwandtschaft ziemlich weit verstreut, ihre zweite Familie ist aber an einem einzigen Ort: in München beim ESV.

Elf Freunde? Bei den Jüngeren sind es weniger: In der E-Jugend spielen die Vereine mit sieben Kindern, in der D-Jugend mit neun und ab der C-Jugend dann mit elf. Nicht nur die Mannschaften sind bei den Kindern im Vergleich zu den Erwachsenen kleiner, sondern auch das Spielfeld, die Tore und die Bälle. Überhaupt ist beim Fußball alles genau vorgegeben. In den Regeln des Deutschen Fußball-Bundes (DFB) steht, wie das Spielfeld markiert sein muss, wie groß die Tore sind, welchen Umfang der Ball hat, wie das Auswechseln von Spielern abläuft, welches Foul zu einem Freistoß und welches zu einem Strafstoß führt und vieles mehr. Alleine vier Schiedsrichter kümmern sich während eines Bundesligaspiels darum, dass die Regeln eingehalten werden. Ein ständiger Streitpunkt ist die Abseitsregel. Wann ein Spieler im Abseits steht, wann nicht und wann nur passiv, muss manchmal im Nachhinein anhand der Videoaufzeichnung überprüft werden. Julius erklärt dir im Kapitel „Grundlagen" diese und andere wichtige Regeln, stellt die Handzeichen der Schiedsrichter vor und präsentiert das perfekte Fußballer-Outfit. Apropos Outfit: Schuh ist nicht gleich Schuh. Je nachdem, ob Du auf Rasen, Kunstrasen, Asche oder in der Halle spielst, brauchst du unterschiedliche Sohlen. Julius hat mit Ferdi und Marcell den Grip verschiedener Schuhe auf dem Fußballplatz getestet.

Bevor es ans Punktspiel geht, ist Training angesagt. Im Kapitel „Ausstattung und Training" findest du jede Menge Übungen, mit denen du verschiedene Laufarten, deine Koordination und Schnelligkeit trainieren kannst. Sind die Muskeln warm, dehne sie. Julius stellt dir Dehnübungen für Waden, Oberschenkel, Hüfte und Rumpf vor. Für die kleine Trainingseinheit zwischendurch gibt es ein cooles DIY (Do-it-yourself = Selbstgemachtes): einen Trainingswürfel. Lass ihn entscheiden, ob du Kniebeugen, Liegestütze oder Sit-ups machen sollst. Auch das Schießen will gelernt sein. Acht Schusstechniken vom Innenrist, über Vollspann, Volley bis zum Fallrückzieher werden genau erklärt und mit Fotos anschaulich präsentiert. An dieser Stelle ein besonderer Dank an Angelo für den waghalsigen Fallrückzieher! Damit du das präzise Zuspiel irgendwann „blind" beherrschst, findest du die Anleitung fürs Passen und Annehmen von flachen und hohen Bällen. So kannst du Spielzüge einstudieren, und beim Konter springt dir der Ball nicht mehr vom Fuß.

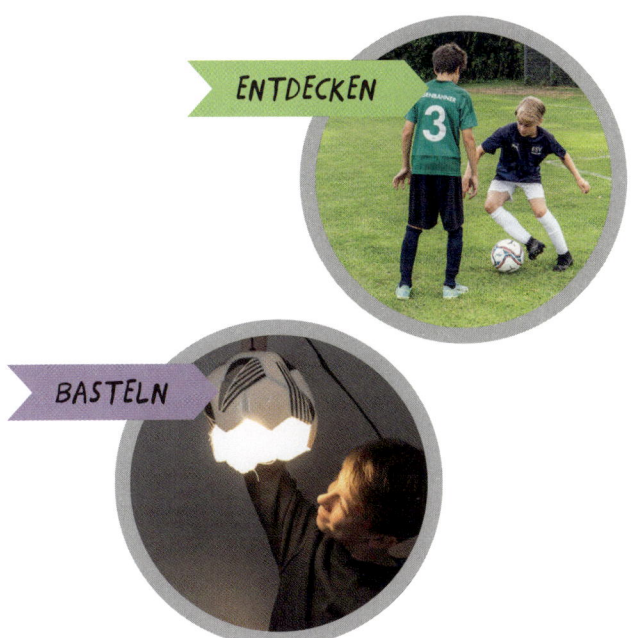

ENTDECKEN

BASTELN

Nun geht's auf den Platz. Der Trainer legt die Aufstellung fest und gibt damit jedem Spieler eine Position. Ob Abwehr, Mittelfeld oder Sturm, erst durch das perfekte Zusammenspiel können stabile Abwehrketten aufgebaut werden und gefährliche Torchancen entstehen. In der E-Jugend kristallisieren sich deine Stärken heraus und du empfiehlst dich für eine oder auch mehrere Positionen. Möchtest du wissen, welcher Spielertyp du bist? Dann mach den Test auf Seite 57. Weiterhin findest du im Kapitel „Aufstellung und Spielsysteme" einen Positionscheck, mit dem du Spieler beobachten und ihre Laufwege nachzeichnen kannst. So erkennst du leicht, ob ein Abwehrspieler eher defensiv spielt oder das Mittelfeld aktiv unterstützt. Die Aufstellung richtet sich nach den Spielsystemen. Der Trainer kann sein Team damit auf den Gegner einstellen. Ist der Gegner angriffsstark, baut er die Abwehr und das Mittelfeld mit je vier Spielern defensiv auf und setzt zwei Spieler für Konterbälle in den Sturm. Dieses Spielsystem nennt man 4-4-2. Offensiv ausgerichtet ist das System 4-2-4. Hier besteht die Abwehr ebenfalls aus einer Viererkette. Der Ball läuft über die beiden Mittelfeldspieler zum stark besetzten Sturm. Damit dies gut gelingt, unterstützen sowohl die Abwehrspieler als auch die Stürmer das Mittelfeld.

Beim Kapitel „Standards und Techniken" dreht sich alles um das Zusammenspiel der Spieler. Es werden Standardsituationen wie Anstoß, Eckball, Einwurf und Strafstoß erklärt und vier Spielzüge vorgestellt. Beim "Kick and Rush" zum Beispiel wird der Ball aus der Verteidigung weit in die gegnerische Hälfte geschossen, in der Hoffnung, dass ein Mitspieler ihn annehmen kann. Beim „Tiki-Taka" wird der Ball mit kurzen Pässen zwischen den Mitspielern hin- und hergespielt. Kannst du gut dribbeln? Julius verrät dir seine vier besten Tricks und Julius hat sie mit seinem Freund Noah in Einzelschritten dargestellt. Am Ende des Kapitels gibt es noch ein besonderes DIY: eine Taktiktafel mit magnetischen Spieler-Pins.

Aber jetzt zu den „Vereinen und Turnieren". Julius ist Fan von Bayern München, sein Lieblingsspieler ist Manuel Neuer. Für welchen Verein fieberst du? Das muss ja nicht unbedingt eine Bundesligamannschaft sein – überhaupt spielen nur 56 Teams im Profifußball. Dass der Weg zum Profi ein langer ist und viel Ehrgeiz und Ausdauer erfordert, zeigt das Beispiel der deutschen Nationalkapitänin Alexandra Popp. Die allermeisten der insgesamt 128.000 Fußballmannschaften in Deutschland spielen von der Kreis- bis zur Regionalliga. Solltest du noch nicht im Verein spielen, probiere es aus! Es gibt bestimmt einen in deiner Nähe.

Viel Spaß auf dem Fußballplatz!

Dein Michael

GRUND-
LAGEN

Wusstest du, dass Fußball zum ersten Mal in Mexiko gespielt wurde? Dass ein Tor genau 7,32 Meter breit ist? Und dass ein Treffer erst dann zählt, wenn der Ball komplett über die Torlinie gerollt oder geflogen ist?

Julius führt dich in die spannende Welt des Fußballs ein mit interessanten Geschichten und viel Fachwissen über das Stadion, den Fußballplatz, die Mannschaft und den Ball. Dazu erklärt er dir die wichtigsten Spielregeln und die Aufgaben des Schiedsrichters.

Und da sich alles um den Ball dreht, zeigt er in diesem Kapitel, wie du eine Fußballlampe für dein Kinderzimmer bastelst.

VINCENT

„FOOTBALL'S COMING HOME" – ABER WO IST DER FUßBALL ZU HAUSE?

Die Engländer behaupten, dass sie den Fußball erfunden haben. Auch die Italiener sind fußballbesessen und kicken seit Jahrhunderten. Aber wo ist der Fußball wirklich zu Hause? Tatsächlich wurde vor fast 3.300 Jahren in Mexiko das erste Mal gegen einen Ball getreten.

Vor 3.300 Jahren

Mexikanische Völker spielten mit einem etwa vier Kilogramm schweren Kautschukball. Dabei durften sie diesen mit Händen und Füßen berühren. Für ein Tor musste der Ball durch einen Steinring befördert werden, der in drei Meter Höhe befestigt war. Die Verlierer wurden in der Regel geopfert.

Das Spiel heißt Ulama (nahuatl-mexikanisch, bedeutet übersetzt „Ballspiele").

Vor 2.250 Jahren

Auf alten chinesischen Gemälden und Vasen aus dieser Zeit sieht man Spieler, die einen Ball auf ihren Füßen jonglieren. Zwischen zwei langen Bambusstangen war ein Netz mit einem 30 bis 40 Zentimeter breitem Loch befestigt, hier musste der mit Haaren und Federn gefüllte Lederball rein.

Das Spiel heißt Cuju (chinesisch, bedeutet übersetzt „einen Ball mit dem Fuß treten").

Vor 1.500 Jahren

Auch die Japaner waren schon früh am Fußball interessiert. Sie spielten den Ball jedoch so wie wir heute Beachball. Es ging um Ball- und Körperbeherrschung, gezählt wurden die Ballkontakte, wenn sich die Spieler den luftgefüllten Ball aus Hirschleder gegenseitig zuspielten.

Das Spiel heißt Kemari (japanisch, bedeutet übersetzt „eine Kugel schießen").

WUSSTEST DU, DASS …

… Fußball in den Anfängen mit den Füßen und Händen gespielt wurde? 1863 einigten sich in London zwölf Vereine darauf, nur noch mit den Füßen zu spielen. Der Blackheath FC war damit im Nachhinein nicht einverstanden und spielte weiterhin nach den vorher geltenden Rugby-Regeln.

… die Schweizer den Fußball in anderen europäischen Ländern verbreitet haben? So haben sie z.B. den FC Barcelona und Inter Mailand mitgegründet. Die Begeisterung für den Sport kommt von Engländern, die an Schweizer Privatschulen studiert haben.

… Fußball auch von Blinden, Rollstuhlfahrern, Robotern, Elefanten, Motorradfahrern und Tauchern gespielt wird?

Vor 960 Jahren
In England spielten Dörfer mit einer aufgeblasenen Schweineblase gegeneinander. Um ein Tor zu erzielen, musste diese durch die Stadttore in die Kirche der Gegner geschossen werden. Auf dem Weg dahin ging es über Felder und Wiesen. Es gab keine Regeln, die Spieler schlugen und traten sich – es kam sogar zu Toten. Die Folge war 1314 ein 300-jähriges Verbot.

1863 wurden in London der erste Fußballverband der Welt gegründet und umfangreiche Regeln aufgestellt.

Vor 570 Jahren
Seit dem 15. Jahrhundert wird in Florenz eine Mischung aus Fußball und Rugby gespielt. Gewonnen hat die Mannschaft, die den Ball am häufigsten ins Tor schießt, wobei Tritte, Schläge und Ringen erlaubt sind. Im Vergleich zu früher ist das Spiel brutaler geworden. Die Arena darf man während der 50 Minuten ohne Pause nur dann verlassen, wenn man verletzt ist.

Das Spiel heißt Calcio (italienisch, bedeutet übersetzt „Fußtritt").

Vor 150 Jahren
1874 fand in Braunschweig das erste Fußballspiel in Deutschland statt. Der Gymnasiallehrer Konrad Koch besorgte sich in England einen Ball und spielte mit seinen Schülern Fußball.

Der Deutsche Fußball-Bund wurde 1900 gegründet.

MAGST DU IM STADION LIEBE

Warst du schon mal in einem Stadion? Das ist ein aufregendes Erlebnis, wenn man zu den Rängen hochgeht und das Spielfeld in der Mitte der Arena vor sich sieht. Während sich die Plätze nach und nach füllen und die Fans ihre Lieder anstimmen, laufen die Spieler ein. Alle warten auf den Anpfiff und freuen sich auf ein torreiches Spiel. Julius erklärt dir, was alles in einem Stadion steckt.

1 RASEN

Er muss viel aushalten, wenn die Spieler mit ihren Stollenschuhen Haken schlagen, dem Ball nachgrätschen und sich bei Fouls auf den Boden schmeißen. Für die 90 Minuten eines Spiels bereiten die Greenkeeper (Rasenpfleger) die rund 200 Millionen Grashalme eines Spielfelds gründlich vor. Bevor sie den Rasen auf die vorgeschriebene Länge von 25 bis 30 Millimeter schneiden, braucht er Wasser, Nährstoffe und Licht, um zu wachsen. Wenn die Stadionüberdachung im Sommer Schatten wirft und der Rasen im Winter das Wachstum einstellt, beleuchten die Greenkeeper ihn mit speziellen Lampen.

Die Streifen auf manchen Fußballrasen sind übrigens nicht durch unterschiedliche Grassorten entstanden, sondern durch spezielle Rasenmäher mit Walzen, mit denen das Gras in unterschiedliche Richtungen gemäht wird. Die Streifen helfen den Linienrichtern, eine Absatzposition besser zu erkennen.

2 MARKIERUNGEN

Das Spielfeld ist genau vermessen und durch 12 Zentimeter breite, weiße Markierungen gekennzeichnet. In der Bundesliga haben die Spielfelder eine Länge von 105 Metern und eine Breite von 68 Metern und sind durch die Mittellinie in zwei Hälften geteilt. In den Hälften sind je ein Torraum (5,5 Meter Abstand von den Pfosten nach links und rechts und in das Spielfeld rein), ein Strafraum (hier sind die Abstände jeweils 16,5 Meter) und ein Elfmeterpunkt (11 Meter Abstand zur Torlinie).

3 TORE

Sie stehen auf der Mitte der Torlinie, sind 7,32 Meter breit und 2,44 Meter hoch. Die beiden Pfosten und die Latte sind wie die Markierungen des Feldes 12 Zentimeter breit und tief. Das Netz wurde übrigens schon mal von einem Spieler geklaut. Nachdem der Spanier Gerard Piqué 2015 mit seinem Verein FC Barcelona das Champions-League-Finale gegen Juventus Turin gewonnen hatte, schnitt er das Netz aus dem Tor des Berliner Olympiastadions. Später teilte er die Siegestrophäe mit seinen Mitspielern.

4 STEHPLATZTRIBÜNE

Wahre Fans lieben die Stehplätze. Sie haben ja auch einige Vorteile gegenüber den Sitzplätzen: Sie kosten weniger, man steht dort enger zuammen, man kann dort besser hüpfen, tanzen, sich umarmen oder sich trösten, entsprechend ist die Stimmung besser. Am Ende des Spiels kommen die Spieler zu den Stehplätzen. In den Stadien findet man die Stehtribüne meistens hinter den Torlinien in der Süd- oder Nordkurve.

5 SITZPLATZTRIBÜNE

Hier ist es bequemer, ruhiger und teurer als im Stehplatzbereich. In einem Teil der Tribüne gibt es Räume mit großen Glasfenstern und Restaurants für Geschäftsleute.

6 COACHING-ZONE

Jede Mannschaft hat einen abgegrenzten Raum am Spielfeldrand, in dem die Trainer, Betreuer und Ersatzspieler das Spiel verfolgen. Häufig sind die Trainer nicht mehr auf ihren Plätzen zu halten, weshalb ein Schiedsrichter (der vierte Offizielle) die Coaching-Zonen bewacht. Wenn sich ein Trainer respektlos verhält, mehrmals die Zone verlässt oder das Spiel verzögert, indem er den Ball nicht freigibt, riskiert er die Gelbe oder die Rote Karte.

7 PRESSETRIBÜNE

Hier sitzen Journalisten und Reporter und berichten über das Spiel. Wenn du nicht im Stadion bist, kannst du den Spielverlauf live im Fernsehen, im Radio oder im Internet verfolgen oder es am nächsten Tag in der Zeitung nachlesen.

R STEHEN ODER SITZEN?

WER GEHÖRT ALLES ZU EINER MANNSCHAFT?

Nicht nur elf Freunde bilden ein Fußballteam, sondern viele mehr. Einerseits reichen elf Spieler nicht aus, da immer mal einer krank ist oder sich im Spiel verletzt und ausgewechselt werden muss. Andererseits gehören Trainer, Ärzte, Betreuer genauso zum Team wie Köche, Busfahrer und Zeugwarte.

FRAUENMANNSCHAFT DES 1. FC KÖLN

Mit insgesamt 32 Personen starteten die Frauen des 1. FC Köln in die Saison 2022/23:
3 Torwartinnen, 6 Abwehrspielerinnen, 9 Mittelfeldspielerinnen, 5 Stürmerinnen, 4 Trainer*innen, 1 Mannschaftsärztin, 2 Physiotherapeuten, 1 Abteilungsleiterin, 1 Teammanager und 1 Mannschaftsbetreuer. Der Kader umfasst 23 Spielerinnen.

KADER

Ein Kader besteht aus den Personen, die für ein Spiel infrage kommen. Im Profifußball haben die Vereine einen Kader von mindestens 18 Spielern. In der Bundesligasaison 2022/23 schwanken die Kader bei den Frauen zwischen 22 (MSV Duisburg) und 28 (SV Meppen und 1. FFC Turbine Potsdam) Spielerinnen und bei den Männern zwischen 24 (Bayern München) und 32 (Hertha BSC) Spielern.

Möchte ein Profi seinen Kader verlassen, um zum Beispiel zu einer anderen Mannschaft zu wechseln, kann er das in einer Transfer-Periode nach dem letzten Spieltag tun. Nach der Saison 2021/22 war dies zum Beispiel zwischen dem 1. Juli und dem 1. September möglich. Zum Ende der Transfer-Periode gibt es die spannenden News über Zugänge und Abgänge der Vereine. Auch danach können übrigens noch Spieler verpflichtet werden – allerdings nur solche, die bei keinem Verein spielen.

SONSTIGE TEAMMITGLIEDER

Präsidenten
Der Präsident und die Vizepräsidenten tragen die Gesamtverantwortung für den Verein und repräsentieren ihn nach außen. Sie leiten die Mitgliederversammlungen, auf denen es – wenn der Verein einen schlechten Tabellenplatz hat – auch mal Buhrufe geben kann.

Sportdirektor
Er bemüht sich, einen starken Kader aufzubauen. Hierzu kümmert er sich um den Nachwuchs im Verein und beobachtet mit Scouts die Spieler anderer Mannschaften. Hat er passende Spieler gefunden, arbeitet er die Verträge aus und verhandelt die Gehälter und Ablösesummen.

Trainerteam
Das Trainerteam besteht aus Chef-, Co-, Fitness- und Torwarttrainer – jeder hat spezielle Aufgaben. Die Trainer sind sportlich und organisatorisch für die Mannschaft verantwortlich. Der Cheftrainer legt die Aufstellung und die Taktik für die Spiele fest. Läuft es nicht gut, ist er schuld und muss in Interviews dafür den Kopf hinhalten.

Mannschaftsarzt
Der Arzt sitzt am Rand des Spielgeschehens neben den Trainern und Auswechselspielern, um bei Verletzungen schnell helfen zu können.

Physiotherapeuten
Gelenke, Sehnen und Muskeln werden bei den Spieleinsätzen stark beansprucht. Vor allem nach Turnierspielen, die in die Verlängerung gehen, können Muskelkrämpfe auftreten. Die Therapeuten massieren die Spieler nach jedem Spiel.

Köche
Gesunde Ernährung liefert Energie und baut den Körper wieder auf, wenn er nach einem Spiel viele Kalorien verloren hat. Bundesligaprofis verbrennen etwa 1.500 Kilokalorien pro Spiel – mehr als die Hälfte des Tagesbedarfs eines Kindes im Alter von 10 bis 14 Jahren.

Zeugwart
Ohne ihn hätten die Spieler keine sauberen Schuhe und Trikots. Er legt den Spielern in der Umkleidekabine alles zurecht und reicht ihnen Getränke und Obst.

Busfahrer
Oft transportiert er eine teure Fracht, wenn man an den Marktwert der Bundesligamannschaften denkt. Der teuerste Kader Deutschlands ist der FC Bayern München mit einem Wert von knapp 850 Millionen Euro.

Pressesprecher
Da die Medien ein hohes Interesse an den Vereinen und Spielern haben, kümmert sich der Pressesprecher um sie: Er versorgt Journalisten mit Neuigkeiten, beantwortet Fragen und führt Pressekonferenzen durch.

KEIN SPIEL OHNE REGELN

Regeln braucht man bei jedem Spiel, damit niemand schummeln kann und am Ende ein oder mehrere Sieger feststehen. Für den Fußball, bei dem neben Taktiken und Spielzügen auch viele Emotionen auf dem Feld zusammenkommen, sind Regeln besonders wichtig. Daran können sich die Schiedsrichter orientieren. Der Deutsche Fußball-Bund hat die Regeln für den Fußball festgelegt. Julius hat für dich einige wichtige zusammengefasst.

SPIEL

- Ein Spiel besteht aus zwei Halbzeiten mit je 45 Minuten. Dazwischen findet eine Pause von 15 Minuten statt.
- Vor dem Spiel wählt der Schiedsrichter per Münzwurf eine Mannschaft aus, die entscheiden kann, auf welches Tor sie in der ersten Halbzeit spielt oder ob sie den Anstoß ausführt.
- In der zweiten Halbzeit wechseln die Teams die Seiten. Die andere Mannschaft stößt nun an.
- Der Schiedsrichter bestimmt in jeder Halbzeit die Dauer der Nachspielzeit, die z.B. durch Auswechslungen, Verletzungen oder Videoüberprüfungen entstanden ist.
- Nach einem Tor gibt es Anstoß für die gegnerische Mannschaft.
- Beim Anstoß liegt der Ball auf dem Mittelpunkt, alle Spieler mit Ausnahme desjenigen, der ihn ausführt, sind in der eigenen Spielfeldhälfte. Die Gegenspieler müssen sich außerhalb des Mittelkreises befinden.

MANNSCHAFT

- Jedes Team darf höchstens einen Torwart und zehn Feldspieler auf den Platz schicken und fünfmal pro Spiel auswechseln.
- Ein Spieler ist der Kapitän. Er hält die Mannschaft zusammen und ist Ansprechpartner für den Schiedsrichter. Du erkennst ihn an der Kapitänsbinde um den Arm.
- Die Spieler dürfen während des Spiels keinen Schmuck tragen.
- Schutzausrüstung wie Kopfschutz, Gesichtsmaske, Knieschoner und Sportbrillen sind erlaubt.
- Auf Trikots und Hosen dürfen keine politischen, religiösen oder persönlichen Botschaften stehen.

TOR

- Ein Tor ist gegeben, wenn der Ball in dem gegnerischen Tor landet und dabei die Torlinie vollständig überquert hat.
- Das Team mit den meisten Toren gewinnt das Spiel. Wenn beide Teams keine oder gleich viele Tore erzielen, endet das Spiel unentschieden.
- Bei Turnieren gibt es nach einem Unentschieden im Spiel ein Elfmeterschießen.

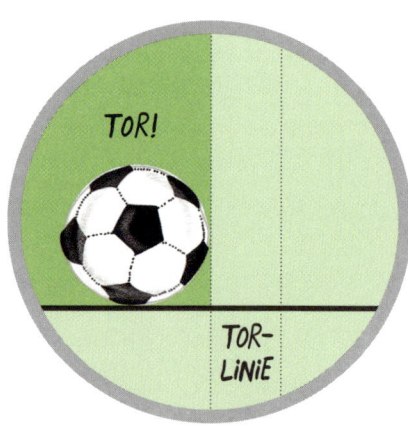

HANDSPIEL

- Berührt ein Spieler den Ball absichtlich mit dem Arm oder der Hand, ist dies ein Handspiel. Die Berührung mit der Schulter ist zulässig.
- Erzielt ein Spieler mit seinem Arm oder seiner Hand ein Tor, ist dies auch ein Handspiel.
- Ein Handspiel führt zu einem direkten Freistoß für die gegnerische Mannschaft. Passiert dies im eigenen Strafraum, gibt es einen Elfmeter für den Gegner.
- Zusätzlich kann der Schiedsrichter die Gelbe oder Rote Karte geben, wenn durch ein absichtliches Handspiel der Ballbesitz des Gegners, eine klare Torchance oder ein klares Tor verhindert wird, oder ein Spieler versucht, durch das Handspiel ein Tor zu erzielen.

KEIN HANDSPIEL

HANDSPIEL

ABSEITS

- Ein Spieler steht im Abseits, wenn er den Ball nach vorne zugespielt bekommt und er in der gegnerischen Hälfte der Torlinie näher ist als der vorletzte Gegenspieler, d.h. vor ihm steht nur noch der Torwart.
- Der Schiedsrichter beurteilt ein mögliches Abseits in dem Moment, in dem der Pass gespielt wird.
- Die Abseitsstellung eines Spielers alleine ist noch kein Vergehen – nennt man auch „passives Abseits". Bekommt ein Spieler, der in der Abseitsstellung steht, den Ball von einem Mitspieler zugespielt, greift die Abseitsregel und der Schiedsrichter muss den Spielzug abpfeifen und der gegnerischen Mannschaft einen indirekten Freistoß geben.
- Die Abseitsregel greift nicht, wenn der Spieler in der Abseitsstellung den Ball nach einem Abstoß, Eckball oder Einwurf bekommt.

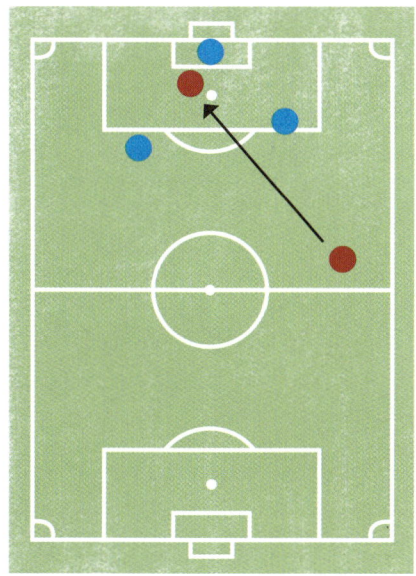

Abseits

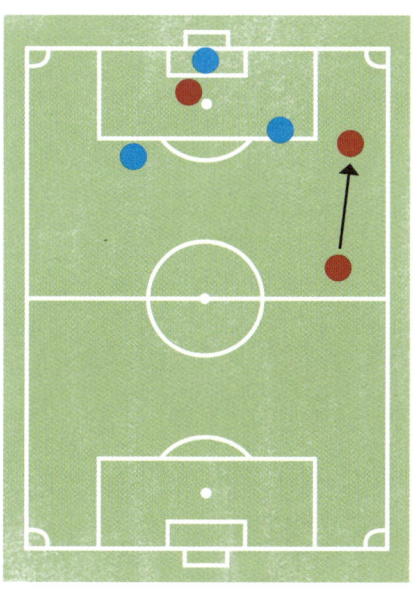

kein (passives) Abseits

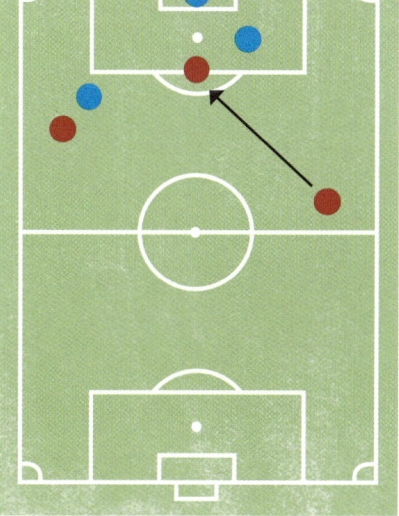

kein Abseits

DER SCHIRI HAT KEINEN LEICHTEN JOB

Wenn 22 Spieler auf einem Feld einem Ball hinterherlaufen, gibt es auch 22 unterschiedliche Meinungen, ob es ein Foul war oder nur der Ball gespielt wurde, ob der Spieler den Ball mit der Schulter (kein Handspiel) oder mit dem Arm (Handspiel) berührt hat usw. Damit die 90 Minuten nicht in Chaos verfallen, sorgt der Schiedsrichter für ein faires Spiel und die Einhaltung der Regeln.

AUFGABEN

— Der Schiedsrichter leitet das Spiel gemeinsam mit zwei Assistenten („Linienrichter") und einem vierten Offiziellen („vierter Mann").
— Vor dem Spiel kontrolliert er das Spielfeld, den Ball und die Ausrüstung der Spieler.
— Er kümmert sich während des Spiels darum, dass die Regeln eingehalten werden.
— Er pfeift das Spiel an und ab, kann es unterbrechen (z.B. beim Auswechseln oder einem verletzten Spieler) und abbrechen (z.B. bei sehr schlechtem Wetter).
— Er stoppt die Zeit des Spiels und berücksichtigt dabei Unterbrechungen, Nachspielzeit etc.
— Der Schiedsrichter hat eine Gelbe und eine Rote Karte, mit denen er bei Fouls und Verstößen Spieler und Trainer bestrafen kann.
— Er schreibt den Spielverlauf auf, vor allem die Tore, Regelverstöße, Strafen und Auswechslungen.
— Die Kleidung der Schiedsrichter ist normalerweise schwarz, diese darf aber auch in einer anderen Farbe sein, wenn sie sich von den Trikots der Spieler unterscheidet.

AUSRÜSTUNG
– Pfeife
– Uhr
– Gelbe und Rote Karte
– Notizblock und Stift
– Headset
– Fitnesstracker

HANDZEICHEN

ABSTOß

Wenn ein Spieler bei einem Schuss den Ball am Tor vorbei über die Torlinie schießt, gibt es einen Abstoß für den Gegner.

ECKSTOß

Wenn ein Spieler bei einem Schuss den Ball am Tor vorbei über die Torlinie schießt und ein Gegner den Ball vorher noch berührt, gibt es einen Eckstoß.

AUSWECHSLUNG

Will der Trainer einen Spieler auswechseln, informiert er den Schiedsrichter. Dieser unterbricht das Spiel und gibt das Auswechselzeichen. Erst wenn der alte Spieler das Feld verlassen hat, darf der neue Spieler rein.

INDIREKTER FREISTOß

Einen indirekten Freistoß gibt es, wenn ein Spieler gefährlich spielt, sodass jemanden verletzt werden könnte, oder den Torhüter daran behindert, den Ball abzugeben, oder andere Spieler beleidigt.

DIREKTER FREISTOß

Wenn ein Spieler seinen Gegner rempelt, festhält, verletzt oder den Ball mit der Hand berührt, bekommt die gegnerische Mannschaft einen direkten Freistoß.

VORTEIL

Foult ein Spieler seinen Gegner, dieser bleibt aber im Ballbesitz, kann der Schiedsrichter das Spiel weiterlaufen lassen, anstatt einen Freistoß zu pfeifen. Für den Gegner ist das dann in dem Fall besser (Vorteil), als das Spiel zu unterbrechen.

STRAFSTOß

Foult ein Spieler den Gegner in seinem eigenen Strafraum, gibt es für das gefoulte Team einen „Elfmeter".

GELBE KARTE

Foult ein Spieler seinen Gegner heftig oder fällt durch mehrere kleine Vergehen auf, kann der Schiedsrichter ihn mit der Gelben Karte verwarnen.

ROTE KARTE

Wenn ein Spieler seinen Gegner grob foult, ihn beleidigt, anspuckt, beißt oder anders verletzt, kann der Schiedsrichter ihn mit der Roten Karte vom Platz schicken.

WELCHE ARTEN VON BÄLLEN GIBT ES?

Der klassische Fußball, den man seit vielen Jahren kennt, besteht aus 20 weißen Sechsecken und 12 schwarzen Fünfecken. Diese Form wurde erstmals bei der Weltmeisterschaft 1970 eingeführt. Heute kommt zu jeder Saison und zu jedem Wettbewerb ein neuer Ball heraus. Im Laufe der Jahre hat sich die Qualität der Bälle verbessert und das Design ist bunter geworden. Obwohl laut des DFB der Ball nur kugelförmig sein muss, ist der WM-Ball 2022 ein technischen Meisterstück geworden.

DFB-REGELN

- Die Bälle müssen kugelförmig sein und aus Leder oder einem anderen geeigneten Material bestehen.
- Sie haben einen Umfang zwischen 68 und 70 Zentimeter.
- Zu Spielbeginn müssen sie zwischen 410 und 450 Gramm wiegen und einen Druck von 0,6 bis 1,1 Atmosphären haben.
- Der Schiedsrichter prüft vor dem Spiel den Spielball und alle Ersatzbälle.
- Während der Halbzeitpause nimmt der Schiedsrichter den Spielball an sich.
- Wird ein Ball während des Spiels beschädigt, unterbricht der Schiedsrichter, tauscht den Ball aus und führt das Spiel mit einem Schiedsrichterball fort. Dabei lässt der er den Ball aus der ausgestreckten Hand auf den Boden fallen.

WM-BALL 2022

Der offizielle Ball für die WM 2022 in Katar heißt „Al Rihla" (arabisch, bedeutet übersetzt „die Reise"). Er steckt voller Superlative:

- Er ist der erste WM-Ball, der ausschließlich mit Farben und Klebstoffen auf Wasserbasis hergestellt wurde.
- Durch neue Materialien im Inneren des Balles bleibt er in seiner Form stabil und lässt sich am Boden und in der Luft sehr genau spielen.
- Aufgrund eines innovativen Oberflächenmaterials und einer neuen, 20-teiligen Plattenform fliegt er schneller als jeder andere WM-Ball.
- Ein Sensor im Ball übermittelt 500 mal pro Sekunde Daten an ein Videocenter, um Abseitsentscheidungen besser und schneller treffen zu können.

FÜR JEDES ALTER DER PASSENDE BALL

Fußbälle gibt es in fünf Größen. Die Größen 1 und 2 werden nicht in Vereinen eingesetzt, sondern eignen sich eher für das Kicken zu Hause. Mit Bällen der Größe 3 starten die Bambinis – Kinder zwischen 6 und 7 Jahren – das erste Spieltraining in der G-Jugend. Später kommen die Größen 4 und 5 zum Einsatz.

1 Größe 4
Die E-Jugend spielt mit Bällen, die 290 bis 350 Gramm schwer sind und einen Umfang von 64 bis 66 Zentimeter haben.

2 Größe 4/5
Bei der D-Jugend sind nicht nur die Kinder gewachsen und das Spielfeld größer, sondern auch die Bälle: ca. 350 Gramm schwer und zwischen 66 bis 70 Zentimeter im Umfang.

3 Größe 5
Bälle dieser Größe kommen bei den Erwachsenen zum Einsatz. Sie haben einen Umfang zwischen 68 und 70 Zentimeter und ein Gewicht von 420 bis 440 Gramm.

DIY FUßBALLLAMPE

Sicherlich bewahrst du deinen Fußball in deinem Zimmer auf, oder? Durfte er auch schon mal bei dir im Bett übernachten? Ein Fußball ist wie ein Freund, man will ihn ständig in seiner Nähe haben.

Mit dieser DYI-Idee kannst du einen alten Ball vor dem Müll retten und ihn in deinem Zimmer behalten – als coole Deckenlampe.

MIT DEN ELTERN DURCHFÜHREN!

DU BRAUCHST:

1 alten Fußball,
1 Lampenkabel mit Fassung,
1 LED-Glühbirne,
Fußballpumpe,
Handbohrer,
Cuttermesser

Schneide mit dem Messer einige Fünf- und Sechsecke aus dem Ball.

Stecke die Nadel der Fußballpumpe in das Ventilloch.

Presse die Luft aus dem Ball.

Ziehe die Blase aus der Ballhülle.

Bohre ein Loch in das Leder, gegenüber der Öffnung, die du herausgeschnitten hast.

Sei vorsichtig mit Messer und Strom! Lass dir beim Herausschneiden der Ecken und beim Verlängern des Kabels von einem Erwachsenen helfen.

Stecke das Lampenkabel durch das Bohrloch. Verwende unbedingt eine LED-Glühlampe, da sie nicht so heiß wie eine herkömmliche wird.

Schraube die Fassung von der anderen Seite fest. Verlängere das Lampenkabel und verbinde es mit einem Netzstecker. Lasse dir dabei von deinen Eltern helfen.

AUSSTATTUNG TRAINING

In diesem Kapitel geht's um die Vorbereitung aufs Spiel. Hier erfährst du, welche Kleidung du auf dem Fußballplatz brauchst, welcher Schuh zu welchem Spielfeld passt und welche Trainingsübungen dich fit machen. Auch das Schießen will geübt sein, Julius zeigt dir die unterschiedlichen Techniken vom Innenrist über den Vollspann und Volleyschuss bis zum Fallrückzieher.

Damit du dein Training perfekt auf dich abstimmen kannst, findest du Übungen zur Verbesserung von Koordination und Schnelligkeit. Für die kleine Übung zwischendurch gibt es zusätzlich einen Trainingswürfel als DIY-Vorlage.

UND

ALEN

DAS PERFEKTE OUTFIT FÜR DEN FUßBALLSPIELER

Kleider machen Leute, und Trikots machen Spieler. Als Julius in den Fußballverein eingetreten ist, hat er einen kompletten Trikotsatz erhalten. Der steht ihm nicht nur gut, sondern man erkennt an der einheitlichen Kleidung auch direkt, dass er mit den anderen Spielern zu einer Mannschaft gehört.

1 TRIKOT

Alle Feldspieler einer Mannschaft haben das gleiche Trikot, damit man sie im Spiel von den Gegnern unterscheiden kann. Für den Fall, dass die andere Mannschaft Trikots in derselben oder einer ähnlichen Farbe trägt, hat der Verein für die Spieler in der Regel noch Trikots in einer anderen Farbe. Manche Spieler haben für die kalten Monate auch Trikots mit langen Ärmeln. Der Torwart trägt ein langes Trikot in einer anderen Farbe. Oft erkennt man ihn schon von Weitem in leuchtendem Gelb, Orange oder Hellgrün. Damit er sich beim Fallen nicht zu viele blaue Flecken holt, ist das Trikot an dem Ellbogen und den Unterarmen gepolstert.

2 HOSE

Die Hose ist für alle Feldspieler kurz. Wenn es im Winter zu kalt wird, dürfen auch lange Unterhosen angezogen werden. Diese müssen aber in derselben Farbe wie die Hose sein. Der Torwart darf auch eine lange Hose tragen, die an der Hüfte und den Knien gepolstert ist

3 STUTZEN

Die langen Strümpfe sehen nicht nur modisch aus, sondern sorgen auch dafür, dass die Schienbeinschoner darunter nicht verrutschen. Und diese sind absolute Pflicht bei jedem Training und Spiel. Wer schon einmal einen Tritt vors Schienbein bekommen hat, weiß warum.

4 SCHUHE

Dies ist ein Kapitel für sich. Ähnlich wie manche Frauen eine große Auswahl an Schuhen haben, gibt es für Fußballspieler auch mehrere Modelle: Schuhe mit Alu- oder Kunststoffstollen, Schuhe mit Multinoppen und Schuhe mit glatter Sohle. Welcher Schuh auf welchen Untergrund passt und welche Vor- und Nachteile jeder Schuh hat, erklärt Julius dir auf den nächsten Seiten. Außerdem präsentiert er die Ergebnisse eines Dribbling-Tests, den er auf dem Fußballfeld gemacht hat.

5 TRAININGSJACKE

Wenn du an kalten Tagen draußen ein Spiel hast und viel läufst, ist dir warm. Sobald du aber ausgewechselt wirst und auf der Bank oder auf der Erde sitzt, kühlst du ab. Zieh dann die Trainingsjacke an. Auch, wenn es an einem Turniertag morgens noch frisch ist, bist du froh, die Jacke dabeizuhaben. Oft ist die Jacke passend zum sonstigen Outfit.

6 WASSERFLASCHE

Egal, ob es heiß oder kalt ist, durch die Bewegung und Kraftanstrengung beim Training und Spiel schwitzt man und der Körper verliert Flüssigkeit. Deshalb gehört die Wasserflasche zur Grundausstattung eines Fußballspielers.

WELCHE SCHUHE ZIEHE ICH HEUTE BLOß AN?

Welche Farbe gefällt dir bei Fußballschuhen am besten? Es gibt sie in hellblau, neongrün, pink, quietschgelb ... Alleine in Julius' Fußballmannschaft sind bei den 17 Jungs sechs unterschiedliche Farben vertreten. Viel wichtiger als die Farbe ist aber die Sohle. Man unterscheidet drei Arten von Fußballschuhen, die je nach Bodenbelag den Spielern den besten Halt geben.

1 HALLENSCHUHE

In der Halle auf dem harten, glatten Boden brauchst du Schuhe mit Sohlen, die gedämpft sind und einen guten Grip haben. Hallenschuhe haben eine glatte Sohle mit meistens hellem Profil.

2 TAUSENDFÜßLER

Der Spitzname dieser Schuhe – die offiziell Turf-Schuhe genannt werden – sagt es schon: Die Sohle besteht aus (fast) Tausend kurzen Gumminocken. Dadurch werden deine Schritte auch auf harten Asphalt-und Ascheplätzen gedämpft.

3 NOCKENSCHUHE

Auf den eher harten Kunstrasenplätzen bieten diese Schuhe den nötigen Grip und sorgen dafür, dass sich dein Gewicht auf die an der Sohle befestigten Kunststoffnocken verteilt. Mit der Nockensohle bist du auf feuchten und trockenen Böden gut ausgestattet.

Ist der Rasen weich oder nass, greifen Nockensohlen nicht mehr richtig. Hier eignen sich Stollenschuhe besser. Die Stollen sind entweder aus Kunststoff oder aus Aluminium. Achtung, das Verletzungsrisiko ist mit diesen Schuhen am höchsten, weshalb sie in Julius' Mannschaft verboten sind.

DER GROSSE DRIBBLING-TEST

Julius will wissen, ob die verschiedenen Schuhe wirklich einen Unterschied machen und probiert sie mit seinen Mannschaftskameraden Marcell und Ferdi aus. Alle drei durchlaufen mit unterschiedlichen Sohlen einen Dribbling-Parcours auf einem Rasenplatz. Wer hat wohl den besten Grip?

JULIUS TRÄGT NOCKENSCHUHE

MARCELL TRÄGT HALLENSCHUHE

FERDI TRÄGT TAUSENDFÜSSLER

Auf die Plätze, fertig, los! Die drei starten. Der Parcours besteht aus drei Kegeln, die umdribbelt werden müssen.

Julius liegt mit seinen Nockenschuhen leicht vorn. Vielleicht hatte er aber auch nur einen guten Start.

Was passiert rechts? Marcell rutscht vor dem zweiten Kegel mit seinen Hallenschuhen aus.

Marcell ist gestürzt und scheidet aus. Julius ist kurz vor dem dritten Kegel. Ferdi scheint mit seinen Tausendfüßlern Probleme auf dem Rasen zu haben.

Nun kommt Ferdi voran und umdribbelt den dritten Kegel. Julius ist aber schon Richtung Ziel unterwegs.

Julius sichert sich mit den Nockenschuhen den ersten Platz. Ferdi auf Platz 2 mit den Tausendfüßlern und Marcell lässt die Hallenschuhe demnächst zu Hause.

SCHUSSTECHNIKEN - TEIL 1

Schieß mal den Ball rüber! Leichter gesagt als getan. Denn je nachdem, wie du zum Ball stehst und wo dein Mitspieler gerade ist, musst du dich für eine Schusstechnik entscheiden. Mit ein wenig Übung machst du das, ohne nachzudenken. Julius und seine Freunde stellen die wichtigsten Schusstechniken vor.

INNENRIST

Mit dieser Schusstechnik lässt sich der Ball gut schlenzen. Er bekommt Drall, dreht sich um sich selbst und fliegt in einem Bogen. Man setzt ihn bei Flanken, langen Pässen, Frei- und Eckstößen sowie Torschüssen ein. Mit dieser Technik lässt sich der Ball sehr präzise zu einem Mitspieler oder ins Tor schießen.

1 Schräg auf den Ball zulaufen, Standbein neben den Ball setzen.

2 Oberkörper leicht über den Ball beugen, Fuß leicht nach außen drehen.

3 Ball mit dem inneren Teil des Fußrückens (nennt man Innenrist) treten.

AUSSENRIST

Aus der Körperhaltung und Beinstellung vermutet der Gegenspieler keinen Schuss, deshalb eignet sich diese Technik prima für ein verdecktes Abspiel. Außerdem lässt sich der Ball damit gut schlenzen, was ihn auch als Torschuss gefährlich macht.

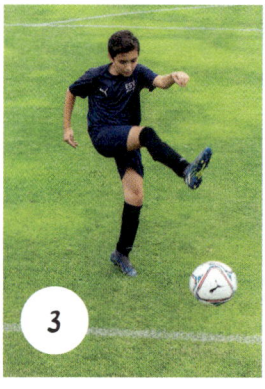

1 Schräg zur Schussrichtung auf den Ball zulaufen, Standbein neben den Ball setzen.

2 Oberkörper leicht über das Standbein beugen, Fuß leicht nach innen drehen.

3 Ball mit dem äußeren Teil des Fußrückens (nennt man Außenrist) treten.

PIKE

Muss es im Spiel schnell gehen, kommt diese Schusstechnik zum Einsatz. Pike kann direkt aus dem Lauf oder schnell aus dem Stand geschossen werden. Wird der Ball genau in der Mitte hart getroffen, bekommt er eine hohe Beschleunigung, ist aber schwer zu kontrollieren.

Gerade auf den Ball zulaufen, Standbein neben den Ball setzen.

Oberkörper leicht über den Ball beugen, Fuß zeigt gerade nach vorne.

Ball mit der Fußspitze (nennt man Pike) treten.

VOLLSPANN

Mit dieser Schusstechnik bekommst du ordentlich Geschwindigkeit auf den Ball. Deshalb wird sie gerne bei langen Pässen, Torschüssen und Befreiungsschlägen eingesetzt.

Gerade auf den Ball zulaufen, Standbein neben den Ball setzen.

Oberkörper leicht über den Ball beugen, Fuß gestreckt halten, Fußspitze zeigt zum Boden.

Ball mit dem vorderen Teil des Fußrückens (nennt man Vollspann) treten.

SCHUSSTECHNIKEN - TEIL 2

HACKE

Mit dem Hackenschuss überraschst du deine Gegenspieler. Er eignet sich nur für kurze Pässe, da er nicht präzise genug ist und sich der Ball aus der Rückwärtsbewegung nur schwer beschleunigen lässt. Außerdem siehst du dein Ziel nicht, dies macht den Pass ziemlich ungenau.

1 Gerade auf den Ball zulaufen, stoppen und das Standbein neben den Ball setzen.

2 Oberkörper leicht nach hinten beugen, um Schwung zu holen. Schussbein gerade ausstrecken.

3 Oberkörper nach vorne, Bein nach hinten ziehen, Ball mit dem Fußabsatz (nennt man Hacke) treten.

VOLLEY

ANGELO

1 Ball im Flug anvisieren und so positionieren, dass du seitlich hinter dem Landepunkt stehst. Arme und Schussbein ausstrecken.

2 Bein mit Schwung in Richtung Ball schwingen und diesen mit dem Vollspann treten.

3 Nach dem Schuss den Körper drehen und das Bein weit nach vorne ausschwingen lassen.

Einen hohen Ball kannst du mit dieser Schusstechnik in der Luft spielen, bevor er den Boden berührt. Du nutzt den Überraschungseffekt bei den Gegenspielern, wenn du den Ball bei der Annahme direkt wieder abgibst oder aufs Tor schießt.

FALLRÜCKZIEHER

Bestenfalls erwischst du den Ball in der Luft liegend mit dem Vollspann. Diese spektakuläre Schusstechnik musst du unter Anleitung deines Trainers viel üben, bevor du sie einsetzt, denn bei der Landung kann man sich leicht verletzen.

1
Du stehst mit dem Rücken zum gegnerischen Tor, der Ball fliegt in deine Richtung. Mit dem Standbein fest abstoßen, das Schussbein ausstrecken.

2
In der Luft nach hinten fallen lassen, dabei den Ball im Flug anvisieren und mit dem Vollspann treten.

3
Bei der Landung mit den Hände auf dem Boden abstützen und den Körper abrollen.

PASSEN UND ANNEHMEN

Den Ball zwischen den Spielern laufen zu lassen, gehört zu den Standards. Wichtig ist es, dass der Ball nicht besonders hart, aber präzise geschossen und vom Mitspieler sicher angenommen wird.

1
Fuß im rechten Winkel zum Standbein nach außen drehen, Ball mit der Innenseite des Fußes treten.

2A
Annahme flacher Bälle
Oberkörper leicht in Richtung Ball nach vorne beugen. Ball mit der Innenseite des Fußes annehmen.

2B
Annahme hoher Bälle
Arme anwinkeln und seitlich heben, Schultern zurückziehen. Ball mit der Brust annehmen, abtropfen lassen und kontrollieren.

DIY TORWANDSCHIEßEN

Dieses Spiel macht großen Spaß. Es passt in jede Tasche, lässt sich leicht aufbauen und ist ein prima Zeitvertreib für zwischendurch. Probiere es gleich mal aus!

Kopiere die Schablone und schneide die Formen aus.

Klebe die Formen auf den Bastelbogen.

Schneide das Tor und die Bälle aus.

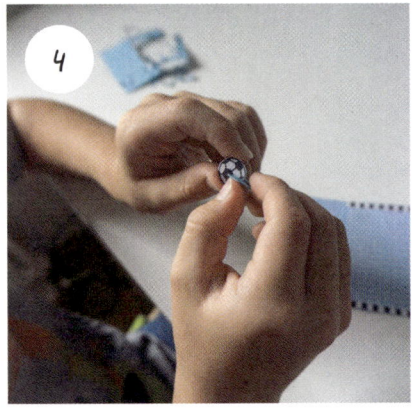

Schneide die Bälle entlang der Linien ein und stecke je zwei Ballformen ineinander.

Ritze einen Schlitz entlang der Linien am Torboden und schneide die Kreise im Netz mit dem Messer vorsichtig aus. Lass dir ruhig von deinen Eltern helfen.

Knicke das Tor entlang der Linien ein, stecke die Falz durch den Schlitz und biege sie um.

Los geht's! Stelle das Tor auf den Tisch, lege den Ball mit Abstand davor und schnipse den Ball mit dem Finger ins Tor.

DU BRAUCHST:

1 dickes DIN-A4-Blatt zum Basteln (300 g/m²), 1 normales DIN-A4-Blatt, Schere, Kleber

DEHNEN UND KOORDINATION

Dehnen ist Pflicht für Fußballer. Durch ständige, gleichförmige Bewegungen werden die Muskeln einseitig belastet und verkürzen sich. Durch Dehnübungen kannst du sie wieder lang ziehen. Allerdings solltest du diese Übungen erst dann machen, wenn deine Muskeln aufgewärmt sind, du z.B. einige Runden gelaufen bist.

WADEN DEHNEN

Stehe aufrecht, die Füße schulterbreit auseinander und beuge den Oberkörper nach vorne, bis du mit den Händen den Boden berührst. Arme und Beine dabei ausstrecken. 30 Sekunden halten, dann aufrichten und Übung wiederholen.

HÜFTE DEHNEN

Mache einen Ausfallschritt und beuge das vordere Knie. Das hintere Bein gestreckt lassen. Du solltest in der vorderen Wade und im hinteren Oberschenkel ein leichtes Ziehen spüren. 15 bis 20 Sekunden halten, dann die Seite wechseln.

RUMPF DEHNEN

Stelle dich aufrecht hin, die Füße schulterbreit auseinander und beuge deinen Oberkörper nach vorne. Arme und Beine ausstrecken. Berühre erst mit der rechten Hand den linken Fuß, dann umgekehrt. Die Übung 50 Mal wiederholen.

OBERSCHENKEL DEHNEN

Stehe aufrecht, greife mit der rechten Hand an das rechte Schienbein und ziehe es hinter dem Rücken nach oben Schiebe die Hüfte nach vorne und strecke den Rücken durch. Halte diese Position 30 Sekunden lang, danach wiederhole die Übung mit dem anderen Bein.

STRAINING

Eine zweite Trainingsform ist ebenfalls wichtig für Fußballer: die Koordination des Balles. Da er rund ist, springt er leicht vom Fuß, oder du triffst ihn nicht genau mit dem Kopf. Um den Ball zu kontrollieren, brauchst du viel Training und Geduld.

BALL-KREISEL

Füße schulterbreit auseinander, Oberkörper nach vorne gebückt. Führe den Ball mit der rechten Hand durch die Beine nach hinten. Die linke Hand übernimmt und führt ihn in Kreiselbewegung durch die Beine wieder nach hinten. 30 Mal wiederholen.

TIPP-BALL

Stelle dich hinter den Ball und tippe diesen abwechselnd mit dem rechten und linken Fuß kurz an. Bleib dabei auf derselben Stelle stehen. Mache einen Durchlauf von 60 Sekunden, starte langsam und versuche, die Geschwindigkeit zu steigern.

OBERSCHENKEL-JONGLAGE

Stehe auf einem Bein und ziehe das andere nach oben, dass der Oberschenkel in eine waagerechte Position kommt. Lass den Ball fallen und versuche ihn so oft wie möglich auf dem Oberschenkel zu jonglieren.

KOPF-JONGLAGE

Stelle dich gerade hin, Knie leicht gebeugt. Wirf den Ball mit beiden Händen über deinen Kopf. Versuche so oft wie möglich den Ball auf deiner Stirn zu jonglieren. Vorsicht, dass du nicht zu nah neben den anderen übst, sonst riskierst du eine Kopfnuss.

LAUFTRAINING

Fußballprofis laufen in einem Spiel zwischen zehn und elf Kilometer, davon 800 bis 1.200 Meter im Sprint. Ungefähr jede zweite Minute beschleunigen sie von Null auf 100. Kein Wunder, dass Laufen fest auf dem Trainingsplan steht. Es gibt viele Laufarten, die man im Fußballtraining übt, etwa Ausdauer, Intervall, Sprint, Slalom, Springen, Tippeln etc. Julius präsentiert dir seine vier Lieblingslaufübungen: zwei ohne und zwei mit Ball.

SPRINT

Den Oberkörper leicht nach vorne beugen und mit großen Schritten loslaufen. Die Knie sind fast komplett gestreckt. Die Füße berühren den Boden mit dem Ballen, so kannst du dich schnell wieder abstoßen. Die Arme schwingen im rechten Winkel neben dem Körper mit.

KNIEHEBELAUF

Du läufst in kleinen Schritten und ziehst dabei die Knie so weit nach oben, dass die Oberschenkel in eine waagerechte Position kommen. Die Fußspitzen dabei anziehen. Den Körper anspannen und leicht nach vorne neigen. Mit den Armen bestimmst du die Taktung: Je schneller du sie schwingst, desto schneller arbeiten die Beine.

HÜTCHEN-DRIBBLING

Der Trainingsparcours ist mit Hütchen im Abstand von je 1 bis 1,5 Meter abgesteckt. Jeder Spieler hat einen Ball und führt diesen eng am Fuß um die Hütchen herum – abwechselnd mit dem linken und rechten Fuß. Versuche, die Kontrolle über den Ball zu behalten, damit er dir nicht wegspringt. Auf Kommando vom Trainer erhöhe die Geschwindigkeit, bis du fast um die Hütchen sprintest.

DRIBBLING GEGEN PASSIVEN GEGNER

Mit Hütchen sind zwei Linien im Abstand von etwa 10 Meter abgesteckt. Du stehst mit einem Mitspieler an einer Linie und läufst möglichst schnell mit dem Ball zur gegenüberliegenden Linie. Dein Mitspieler läuft dir bis zur Mitte entgegen und bleibt dort stehen. Du umdribbelst ihn und läufst zur gegenüberliegenden Linie. Dein Mitspieler läuft auf deine Ausgangsposition. Du schießt ihm den Ball zu, und nun dribbelt er in deine Richtung los. Wiederhole die Übung mehrmals.

SCHNELLIGKEITS-TRAINING

MARC   TIM

Auf dem Spielfeld braucht man oft eine schnelle Reaktion. Gerade der Torwart ist hier besonders gefragt. Die beiden Torwarte von Julius' Mannschaft, Marc und Tim, zeigen dir eine gute Übung, wie du deine Reaktionsgeschwindigkeit verbessern kannst.

Ausgangssituation: Du stellst dich einem Mitspieler gegenüber auf, die Füße schulterbreit auseinander, den Oberkörper leicht gebeugt. Zwischen euch stehen zwei Hütchen – rot und blau – auf der Erde. Der Trainer ruft nacheinander Körperteile und Gegenstände auf, die du so schnell wie möglich mit deinen Händen berühren musst. Am Ende ruft er „rot" oder „blau" und du musst schnell nach dem richtigen Hütchen greifen.

1 — DER TRAINER RUFT „SCHULTER"

2 — „BODEN"

„RÜCKEN"

„OHREN"

„ROT" TIM HAT GEWONNEN!

DIY TRAININGS-WÜRFEL

Julius macht jeden Tag eine kleine Trainingseinheit, um fit zu bleiben. Je nach Lust und Laune sind das Liegestütze, Kniebeugen, Sit-ups oder andere Übungen. Die Reihenfolge würfelt er aus. Hier zeigt er dir, wie du dir einen eigenen Trainingswürfel basteln kannst.

1 Lege den Würfel auf ein Blatt und zeichne die Kanten mit dem Bleistift nach.

2 Schneide entlang der Umrisse die Würfelseite aus. Bei Julius ist diese rund.

3 Lege das Stück auf die Blätter. Zeichne 5 weitere Würfelseiten nach und schneide sie aus.

Schreibe Übungen auf die Papierstücke:
10x Kniebeugen, 5x Liegestütze,
10x Situps, 1 Minute Dehnen etc.

DU BRAUCHST:

1 Holzwürfel, 2 bunte Blätter zum Basteln (300 g/m²), Bleistift, Filzstift, Schere, Kleber, Doppelklebeband

Lege die Papierstücke auf das Doppelklebeband, drücke sie fest und schneide sie aus.

Ziehe die Schutzfolie von der Klebefläche und drücke die Papierstücke auf die Würfelseiten. Fertig ist der Trainingswürfel – probiere ihn gleich aus!

AUFSTELLUNG SPIELSYSTEME

Oft werden Spiele durch die Wahl des richtigen Systems gewonnen. Die Kunst liegt darin, jeden Spieler auf eine Position zu setzen, in der er der Mannschaft am besten helfen kann. Ist der Gegner stark im Angriff und hat gute Stürmer, sollte man die Abwehr stärken und dort eine „Viererkette" aufbauen. Das richtige System hat so manchem Team große Erfolge beschert. So gewann die brasilianische Mannschaft 1958 mit ihrem Starstürmer Pelé und dem 4-2-4 Spielsystem den WM-Titel.

Julius erklärt in diesem Kapitel, welche Positionen es in einer Mannschaft gibt und welche Spielsysteme wann gut passen. Wenn der Ball erstmal rollt, zeigt sich, ob die Aufstellung stimmt. Julius folgt dem Lauf des Balles und malt dabei ein Gemälde. Die Anleitung dafür findest du in diesem Kapitel.

SPIEL MIT SYSTEM!

Vor einem Spiel versucht der Trainer, sein Team optimal auf den Gegner einzustellen. Dazu muss er wissen, ob die andere Mannschaft eher eine starke Abwehr zum Schutz vor Torschüssen aufbaut (defensives Spiel) oder eher auf Sturm und Spiel nach vorne setzt (offensives Spiel). Entsprechend entscheidet er sich für ein Spielsystem und weist seinen Spielern Plätze auf dem Spielfeld zu. Welche Positionen es innerhalb einer Mannschaft gibt und welche Aufgaben sie haben, wird anhand des beliebten Spielsystems 4-4-2 erklärt.

ABWEHR (4)

- Es gibt außen jeweils einen Links- und einen Rechtsverteidiger sowie in der Mitte zwei Innenverteidiger.
- Spielt man mit vier Verteidigern, spricht man von einer „Viererkette".

MITTELFELD (4)

- Die klassische Aufstellung ist die „Flache Vier" (rechts auf dem Bild dargestellt). Dabei sind die vier Spieler in einer Reihe positioniert. Wenn eine weitere „Viererkette" in der Abwehr steht, nennt man die Aufstellung auch „Doppelriegel".
- Eine weitere Möglichkeit, mit vier Spielern im Mittelfeld zu spielen, ist in Form einer Raute. Dies lockert das Mittelfeld auf. In der Raute ist der vordere Spieler offensiver und unterstützt den Angriff, der hintere dagegen ist defensiver.

ANGRIFF (2)

- Die beiden Stürmer werden von den Außenverteidigern und zwei Mittelfeldspielern unterstützt. Wenn diese über die Flügel aufs gegnerische Tor zulaufen, stehen die beiden Stürmer als Anspielstationen zur Verfügung.
- Problematisch ist bei diesem Spielsystem die Lücke zwischen Mittelfeld und Angriff. Wenn deine Mannschaft im Ballbesitz ist, fehlen dort Spieler zum Anspielen. Wenn der Gegner im Ballbesitz ist, hat er zu viel Platz, um sein eigenes Spiel aufzubauen.

TORWART

- Er hütet das Tor und ist mit den Verteidigern im engen Zusammenspiel.
- Seine Position ist fix, weshalb man ihn bei dem Spielsystem nicht aufführt. Korrekterweise müsste es aber 1-4-4-2 heißen.

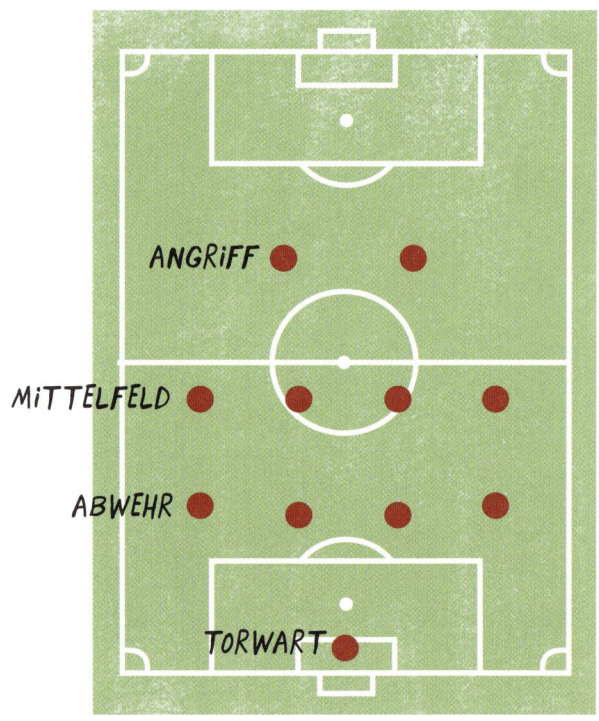

DIE E-JUGEND: 7 GEGEN 7

Kinder im Alter von 8 bis 10 Jahren kicken in der E-Jugend. Dabei dürfen Mädchen und Jungen zusammenspielen. Eine Mannschaft besteht aus einem Torwart und sechs Feldspielern. Gespielt werden 2 x 25 Minuten. Im Training lernen die Kinder Spielsysteme mit verschiedenen taktischen Varianten kennen. Sie üben vor allem Technik und Koordination beim Dribbeln, Passen und Schießen.

SPEZIELLE REGELN
— Der Torwart darf einen Rückpass in die Hand nehmen.
— Es gibt kein Abseits.
— Der Abstoß erfolgt vom Boden innerhalb des Torraums.
— Geht der Ball ins Aus, gibt es einen Einwurf.

E-JUGEND-GRÖSSEN VON SPIELFELD, TOR UND BALL

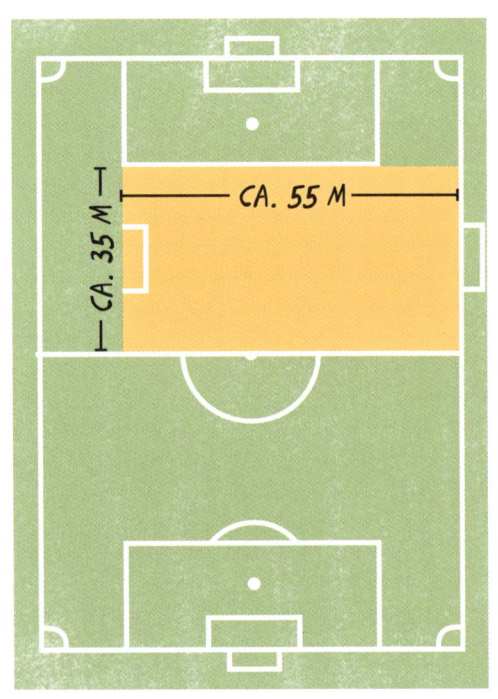
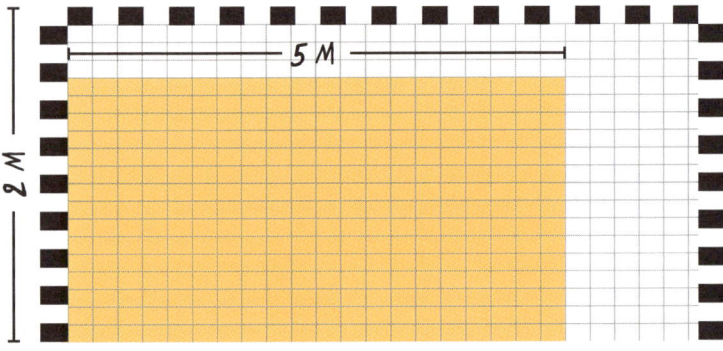

SPIELSYSTEME

Mit sieben Feldspielern lässt sich eine Grundaufstellung in drei Reihen aufbauen. Einige Spielsysteme eignen sich gut, um Spielzüge vom Abstoß am Tor aus strukturiert vorzubereiten. Je nach Stärke des gegnerischen Teams kann man die eigene Abwehr stärken (3-2-1), den Spielaufbau mehr aus dem Mittelfeld gestalten (2- 3-1) oder ganz auf die Angriffsstärke setzen (2-1-3).

Julius' Trainer Imren setzt auf das 4-1-1-System mit fliegenden Außenspielern. In der Ausgangssituation stehen 4 Verteidiger vor dem Torwart, 1 Spieler im Mittelfeld und 1 Stürmer vor dem gegnerischen Strafraum. Bei diesem System kann sich die Mannschaft über den Links- und Rechtsaußen an den Gegner anpassen. Wenn dieser stark im Angriff ist, lassen sich die Außenspieler zu den Verteidigern zurückfallen und bilden eine Viererkette (defensive Variante). Gibt es freie Räume in der gegnerischen Hälfte, ziehen die Außenspieler nach vorne und unterstützen den Angriff (offensive Variante).

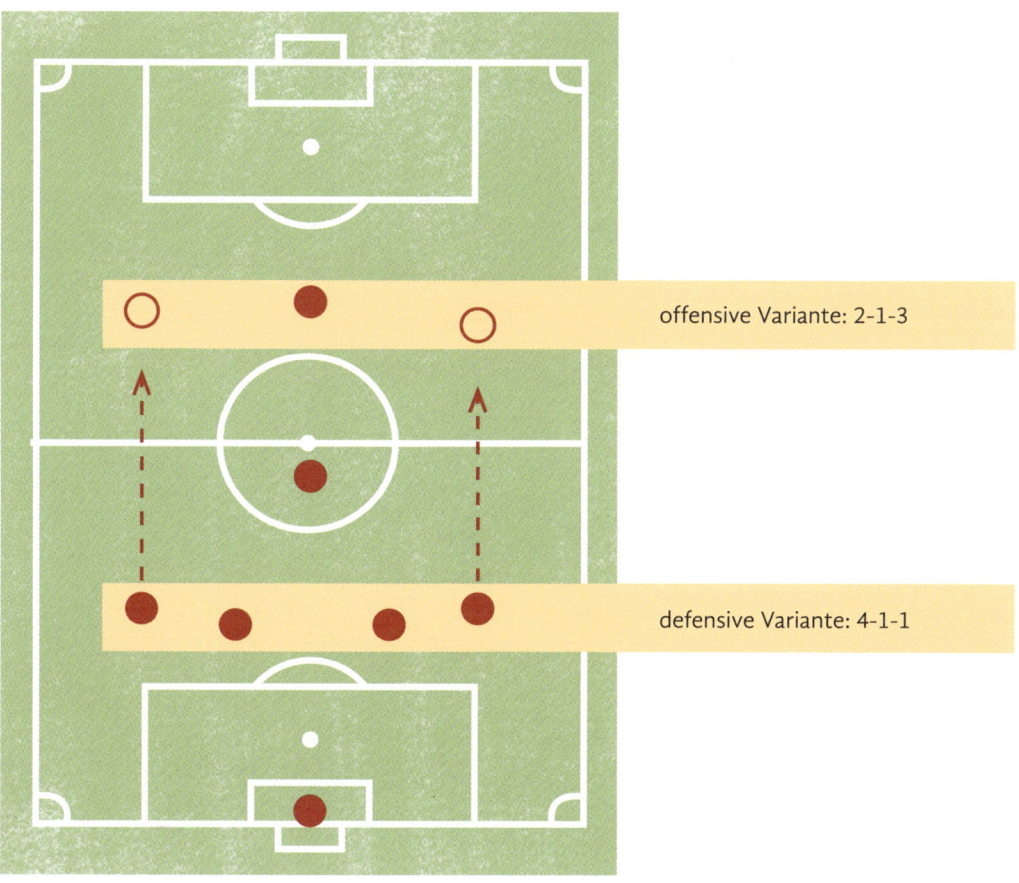

Spielsystem 4-1-1

DIE D-JUGEND: 9 GEGEN 9

Kinder im Alter von 10 bis 12 Jahren kicken in der D-Jugend. Dabei dürfen Mädchen und Jungen zusammenspielen. Eine Mannschaft besteht aus einem Torwart und acht Feldspielern. Gespielt werden 2 x 30 Minuten. Im Training lernen die Kinder Spielsysteme mit verschiedenen taktischen Varianten kennen. Koordination und Schnelligkeit mit dem Ball sowie das Vermeiden einer Abseitsstellung sind auf dem größeren Feld mit mehreren Spielern wichtige Übungsschwerpunkte.

SPEZIELLE REGELN
- Der Torwart darf einen Rückpass nicht in die Hand nehmen.
- Es gibt die Abseitsregel.
- Der Abstoß erfolgt vom Boden innerhalb des Torraums.
- Geht der Ball ins Aus, gibt es einen Einwurf

D-JUGEND-GRÖSSEN VON SPIELFELD, TOR UND BALL

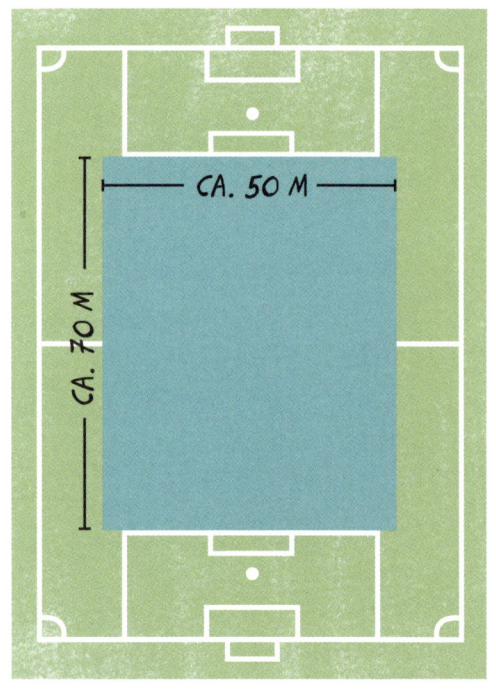

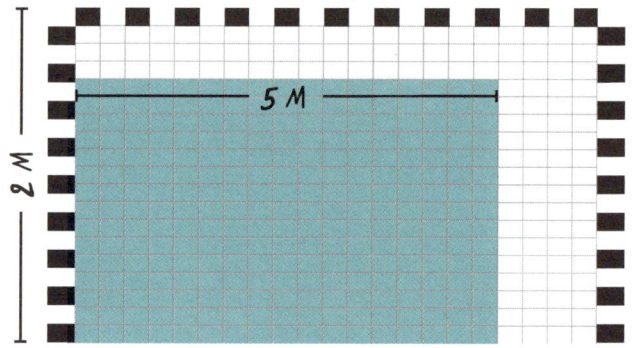

SPIELSYSTEME

In der D-Jugend mit 9 Feldspielern können zahlreiche Spielsysteme angewendet werden. Beliebte Aufstellungen sind 3-2-3 und 3-3-2. Bei diesen sind die drei Reihen Abwehr, Mittelfeld und Angriff gut besetzt, sodass es ausreichend Anspielstationen gibt.

Julius' Trainer, Imren, bevorzugt das 5-2-1-System mit fliegenden Außenspielern. In der Ausgangssituation stehen 5 Verteidiger vor dem Torwart, 2 Spieler im Mittelfeld und 1 Stürmer vor dem gegnerischen Strafraum. So kann sich die Mannschaft über den Links- und Rechtsaußen auf den Gegner einstellen. Wenn dieser stark im Angriff ist, lassen sich die Außenspieler zu den Verteidigern zurückfallen und bilden eine Fünferkette (defensive Variante). Gibt es freie Räume in der gegnerischen Hälfte, ziehen die Außenspieler nach vorne und unterstützen den Angriff (offensive Variante).

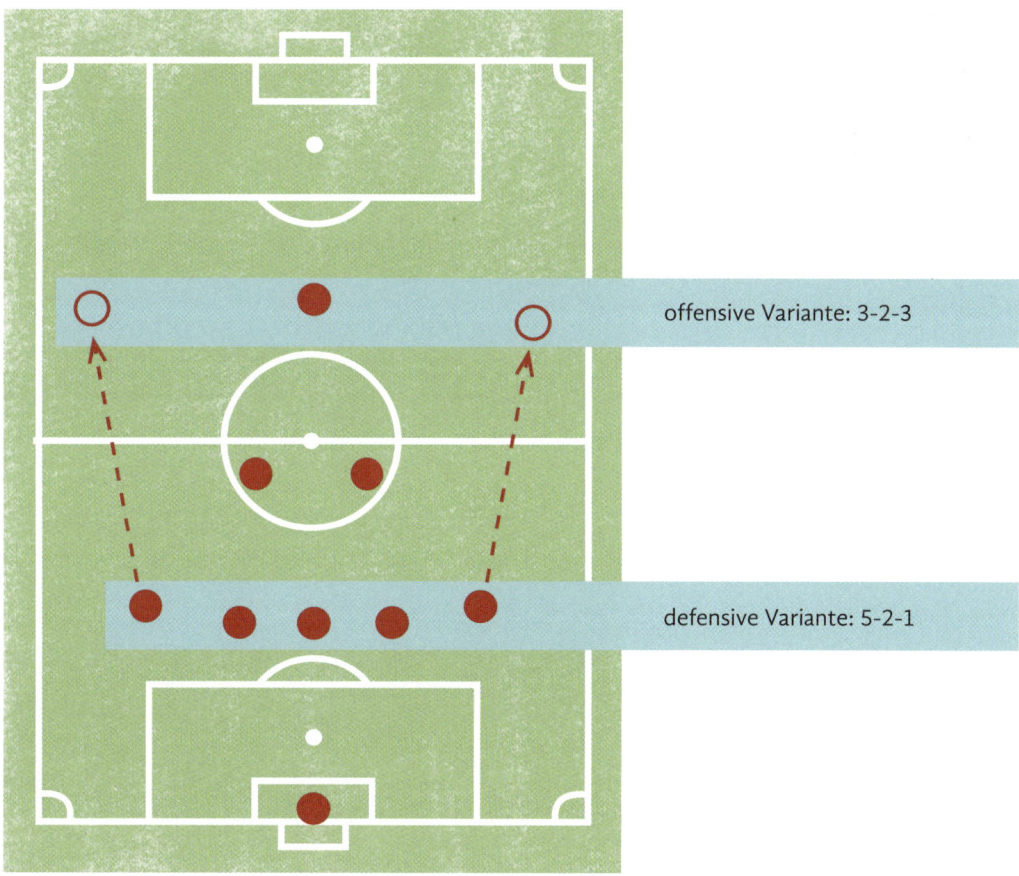

Spielsystem 5-2-1

GEMEINSAM STARK!

In jedem Team gibt es verschiedene Positionen, die erst im Zusammenspiel zu einer erfolgreichen Mannschaft werden. Hinten im Feld ist es wichtig, „den Kasten sauber zu halten", d.h. der Torwart hütet sein Tor. Dabei helfen ihm die Verteidiger, die in einer Kette vor ihm stehen. Geht es in den Angriff über, zeigen die Mittelfeldspieler ihre Qualitäten beim Dribbeln, Passen und Flanken. Die Stürmer sind für die Tore vorne verantwortlich. Jede Position benötigt einen speziellen Spielertyp mit besonderen Eigenschaften.

TORWART

- Er sollte beweglich sein, gut springen können, schnell reagieren und keine Angst vor dem Kontakt mit dem Ball und den gegnerischen Angreifern haben.
- Bei Torschüssen sollte der Torwart den Ball auch bei hoher Geschwindigkeit sicher fangen oder ihn wegfausten können.
- Bei Frei- und Strafstößen braucht er starke Nerven.
- Die Fähigkeit, „das Spiel zu lesen", d.h. Spielzüge des Gegners schon im Vorfeld zu erkennen, ist eine besondere Gabe, die er sich durch Erfahrung aneignet.
- Stellungsspiel ist wichtig. Der Torwart sollte das Tor gut abschirmen und zum richtigen Zeitpunkt auf den Angreifer zulaufen, um ihm gegenüber das Tor „klein" zu machen und ihn so am Torschuss zu hindern.
- Ist er im Ballbesitz, baut er das Spiel von hinten heraus auf. Ein guter Torwart steht nicht nur zwischen den Pfosten, sondern bietet sich seinen Spielkameraden als Anspielstation an. Dadurch wird der Spielverlauf in der hinteren Hälfte flüssiger.

ABWEHRSPIELER

- Sie stören das Spiel der gegnerischen Mannschaft und verhindern Torschüsse. Dazu müssen sie nicht zwei Meter groß sein und sich vor dem Tor aufbauen, sondern vielmehr geschickt den Angreifern den Ball abluchsen – ohne ein Foul zu begehen (Tackling).
- Lange war die Manndeckung (ein Verteidiger deckt einen Stürmer) üblich, mittlerweile ist die Raumdeckung (ein Verteidiger bewacht einen bestimmten Bereich des Spielfelds) zum Standard geworden.
- Verteidiger sollten beweglich, schnell und zweikampfstark sein. Sie spielen ihren Mitspielern den Ball über kurze Pässe und lange Flanken zu. Flugbälle köpfen sie dank ihrer Kopfballstärke vom Tor weg.
- Die Abwehr verantwortet das Umschaltspiel, d.h. nach einer erfolgreichen Balleroberung leiten die Verteidiger die Spielzüge in Richtung gegnerisches Tor ein.

MITTELFELDSPIELER

- Sie stehen zwischen Abwehr und Sturm. Entsprechend können sie sowohl verteidigen als auch angreifen. Dabei müssen sie aufpassen, dass sie nicht zu weit vorne spielen und dabei die Verteidigung alleine lassen und auch nicht zu weit hinten, von wo sie die Stürmer nicht mehr mit Pässen erreichen.
- Je nach Spielsystem spielt das Mittelfeld entweder defensiv oder offensiv.
- Beim defensiven Mittelfeld stehen die Spieler vor der Abwehr und stören die gegnerischen Angriffe. Der zentrale Mittelfeldspieler wird „Sechser" genannt. Das kommt daher, weil früher die Positionen von 1 bis 11 von hinten (Torwart) bis vorne (Sturm) nummeriert wurden. Der Sechser kommt gleich nach der Abwehr (2 bis 5). Der Sechser muss nicht unbedingt die Nummer 6 auf dem Rücken tragen.
- Beim offensiven Mittelfeld stehen die Spieler weiter vorne, geben den Stürmern Vorlagen oder schießen selbst aufs Tor. Der zentrale Mittelfeldspieler gilt als Spielmacher, er wird „Zehner" genannt. Da die Teams ihre Spielsysteme immer defensiver ausrichten, verliert der Zehner an Bedeutung und der Sechser ist im Mittelfeld mehr gefragt.

- Mittelfeldspieler müssen extrem laufstark sein, sich in Zweikämpfen behaupten können, sicher Bälle annehmen und genaue Pässe spielen können. Außerdem sollten sie über ein gutes Stellungsspiel verfügen, Spielsituationen schnell erkennen und kreativ neue Spielzüge einleiten können.

STÜRMER

- Ihr Job ist es, Tore zu schießen. Deshalb sollten die Stürmer bestenfalls mit beiden Füßen gut schießen und auch mit dem Kopf das gegnerische Tor treffen können.
- Sie brauchen den richtigen Torriecher, um Spielsituationen im Vorfeld zu erkennen und entsprechend schnell zu reagieren. Je mehr Spielerfahrung sie haben, desto besser können sie Situationen einschätzen.
- Stürmer sollten sehr laufstark sein und auch gut mit dem Ball umgehen können. Dazu gehören sichere Ballannahmen, präzise Pässe, schnelle Dribblings und zielgenaue Torschüsse.
- Man unterscheidet zwischen Außen- und Mittelstürmern.
- Die Außenstürmer kommen über die linke und rechte Seite des Feldes und sind vor allem für die Torvorbereitung vorgesehen. Dabei spielen sie entweder im Mittelfeld oder im Strafraum und flanken die Bälle zu ihren Mitspielern in der Mitte (Sturmspitze).
- Spielt man mit nur einem oder zwei Stürmern, spielen diese flexibel als Allrounder im gegnerischen Feld und rücken je nach Spielsituation von der Mitte bis auf die Außenstürmerpositionen.

WELCHER SPIELERTYP BIST DU?

Hier kannst du dich selbst prüfen, ob du eher ein defensiver oder offensiver Fußballer bist, lieber als Spielmacher auf dem Platz die Fäden ziehst oder die Bälle ins Tor ballerst. Mach den Test und finde deine Traumposition im Team!

TESTANLEITUNG

1. Beantworte die Fragen rechts mit Ja oder Nein und schreibe die Punkte (1 oder 0) in die Kreise.

2. Addiere die Punkte und schreibe die Summe in den Kasten „Meine Punktzahl".

3. Vergleiche deine Punktzahl mit denen im Kasten „Spielertypen".

4. Welcher Spielertyp bist du? Schreibe ihn in den Kasten „Mein Spielertyp".

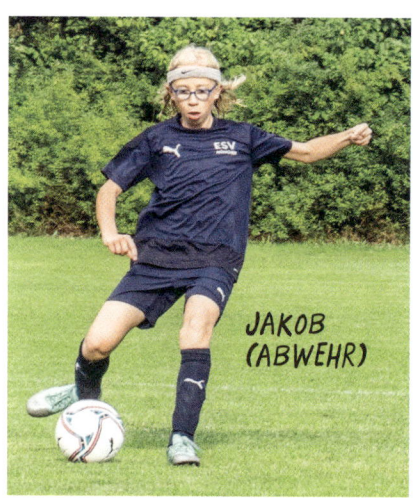
JAKOB (ABWEHR)

JASPER (MITTELFELD)

BENEDIKT (STURM)

FRAGEN

JA (1) / NEIN (0)

1. Hast du einen harten und präzisen Schuss?
2. Kannst du gut einschätzen, wohin jemand den Ball spielen wird?
3. Organisierst du gerne die Spielzüge?
4. Kannst du einen präzisen Kopfball ins Tor machen?
5. Kannst du gut dribbeln?
6. Bewegst du dich auf dem Platz so, dass du oft in der Nähe des Balls bist?
7. Kannst du schnell laufen?

JA (1) / NEIN (0)

8. Riskierst du beim Dribbeln auch mal einen Zusammenstoß mit anderen Spielern?
9. Hast du starke Nerven?
10. Kannst du schnell auf etwas reagieren?
11. Bist du mit beiden Füßen treffsicher?
12. Kannst du einen Ball jemandem genau zuspielen?
13. Übernimmst du gerne für etwas die Verantwortung?
14. Kannst du gut springen?
15. Magst du es, wenn du Applaus bekommst?

AUSWERTUNG

Spielertypen:

Abwehrspieler	0-3
Mittelfeldspieler	4-6
Torwart	7-9
Stürmer	10-15

Meine Punktzahl: _____

Mein Spielertyp: _____

POSITIONSCHECK

Jeder Spieler hat laut Aufstellung und Spielsystem eine Position auf dem Rasen. Nun wird sich ein gegnerischer Stürmer sicherlich von dieser Raumaufteilung nicht verunsichern lassen und versuchen, an den Abwehrspielern vorbeizukommen. Wenn er dann mit dem Ball die Seiten wechselt, muss die Abwehr die Räume schließen. Die Dynamik des Spiels, in dem Spieler ihre Positionen wechseln und der Ball über mehrere Anspielstationen schließlich im Tor landet, ist für die Trainer und die Spieler interessant. Die Laufwege lassen sich im Stadion mithilfe von Kameras und modernster Technik festhalten und später auswerten. Julius hat ein eigenes Verfahren für die Analyse der Laufwege von Spielern entwickelt: der Positionscheck.

ANLEITUNG

1. Kopiere das Spielfeld rechts sechsmal und schneide es aus.
2. Gehe mit den kopierten Spielfeldblättern und einem Stift ins Stadion oder schaue dir zu Hause ein Spiel im Fernsehen an.
3. Wähle vor Anpfiff sechs Spieler auf unterschiedlichen Positionen aus.
4. Zeichne die Laufwege der Spieler jeweils 15 Minuten lang auf je einem Spielfeldblatt mit einem Stift nach.
5. Analysiere nach dem Spiel, ob die Spieler auf ihrer Position geblieben sind, ein gutes Stellungsspiel hatten und eher offensiv oder defensiv gespielt haben.
6. Notiere auf der Rückseite der Blätter die Namen der Spieler, das Datum, die gegnerische Mannschaft, deine Analyseergebnisse und sonstige Bemerkungen.

MUSTER FÜR LINKSVERTEIDIGER

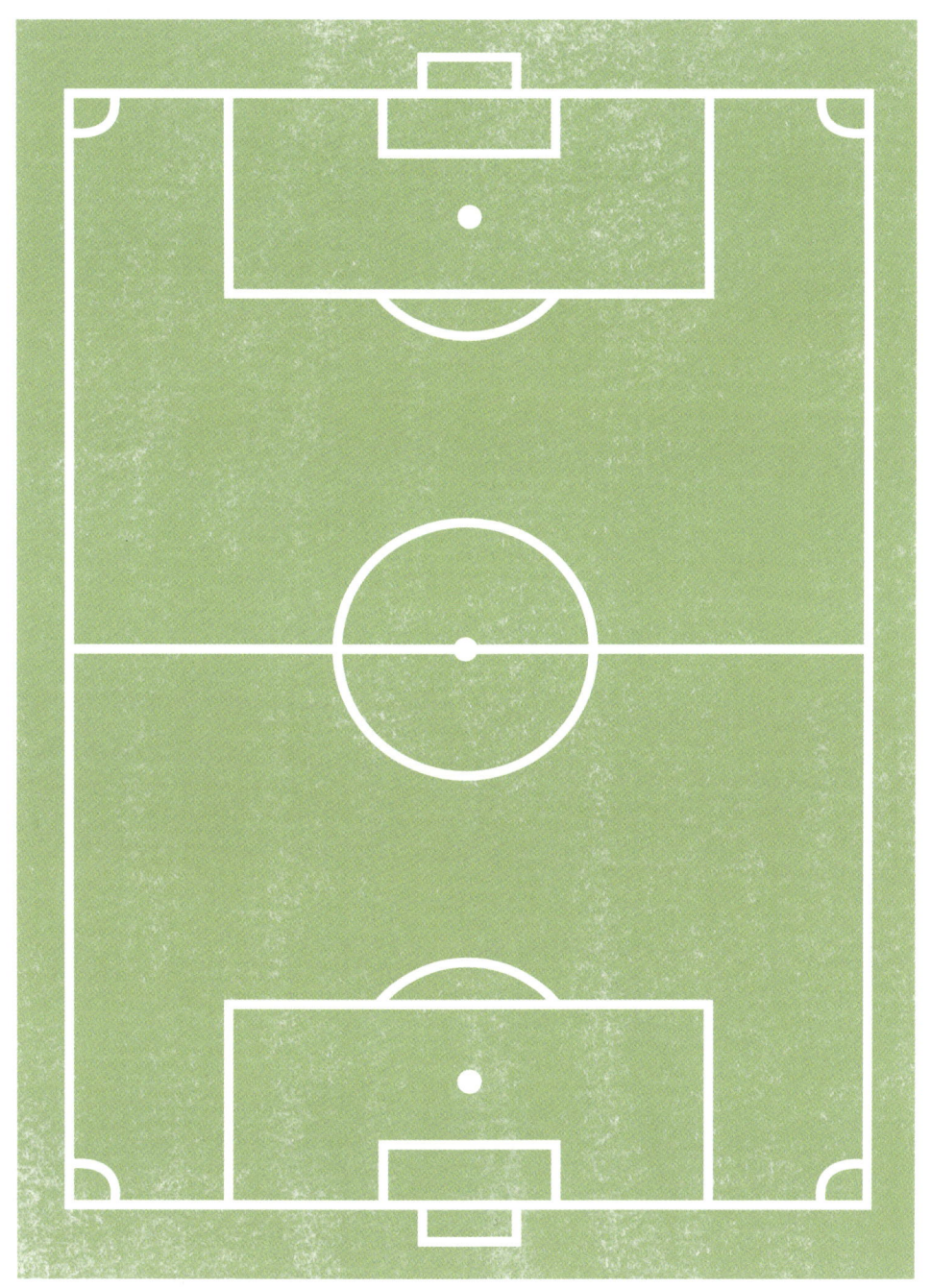

DIY BALL-LAUF-GEMÄLDE

Während eines Spiels unentwegt auf den Ball zu schauen und dabei mit einem Stift die Bewegungen auf einem Blatt Papier nachzuzeichnen, ist nicht ganz so leicht. Und 90 Minuten können lang werden. Das Resultat ist dafür beeindruckend und museumsreif. Julius erklärt dir, wie dieses DIY funktioniert. Du kannst ja auch erst mal nur mit einer Halbzeit anfangen. Viel Spaß beim Malen!

DU BRAUCHST:

1 weißes DIN-A4-Blatt, 1 Butterbrotpapier 1 DIN-A4-Karton, 2 gespitzte Buntstifte, 8 Büroklammern

ANLEITUNG

1. Kopiere das Spielfeld auf der Seite rechts auf ein Blatt Papier.
2. Lege erst die Kopie, dann das Butterbrotpapier auf den Karton und befestige beides an den Rändern mit Büroklammern. Das Spielfeld schimmert durch das obere Blatt durch.
3. Gehe mit dieser Malunterlage und zwei Buntstiften ins Stadion oder schaue dir zu Hause ein Spiel im Fernsehen an.
4. Starte mit dem Anpfiff dein Gemälde, indem du den Lauf des Balls mit einem Buntstift nachzeichnest.
5. Wechsle zur Halbzeitpause den Buntstift und verfolge den Ball nun in der zweiten Halbzeit.
6. Nach 90 Minuten ist dein Balllaufgemälde fertig. Notiere auf der Rückseite das Datum, die Mannschaften, das Ergebnis und welche Farbe für welche Halbzeit steht.

MUSTER

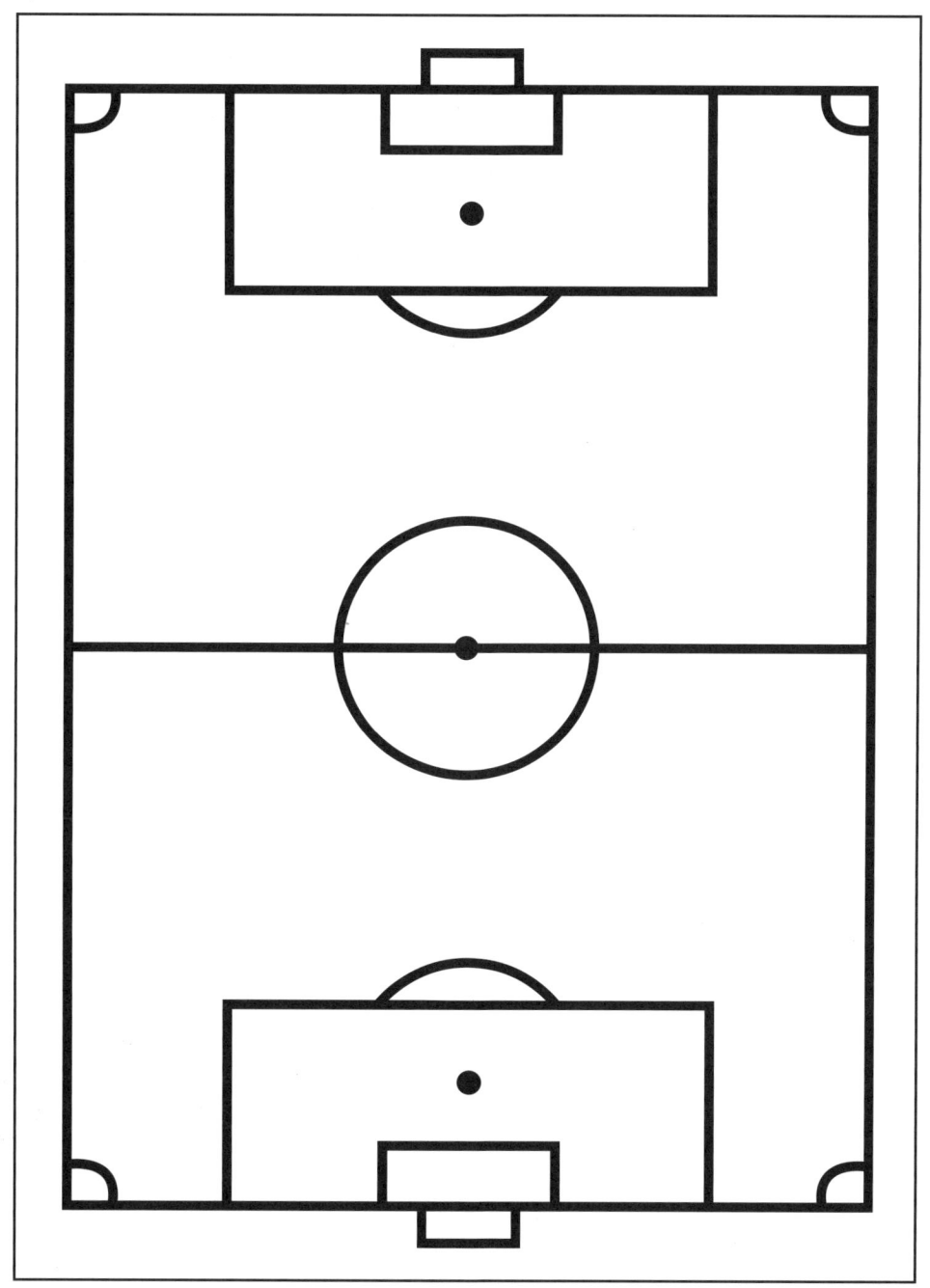

STANDARDS U

Standardsituationen kommen im Spiel regelmäßig vor und werden deshalb im Training viel geübt: Einwürfe, Eckbälle, Freistöße, Strafschüsse etc. Auch Spielzüge wie Dribblings, Konter und Doppelpass müssen im Team gut einstudiert werden.

Häufig benutzen die Trainer zur Darstellung von Spielzügen eine Taktiktafel, so wie Julius' Trainier Imren hier auf dem Bild. Wie diese Tafel funktioniert und du dir selbst eine basteln kannst, erfährst du in diesem Kapitel.

Was jeder auf dem Bolzplatz gerne macht und was auch im Spiel unerlässlich ist, sind Tricks, den Gegner zu umdribbeln. Julius zeigt dir seine Lieblingstricks wie den Doppelten Übersteiger, den Rückzieher und den Kleinen Hüpfer.

STANDARDSITUATIONEN

Standardsituationen ergeben sich aus Spielunterbrechungen. Geht der Ball zum Beispiel ins Aus, gibt es Einwurf, Eckstoß oder Abstoß. Erkennt der Schiedsrichter ein Foul oder einen Regelverstoß, gibt es einen Freistoß oder einen Strafstoß. Nicht selten werden Spiele aus Standardsituationen heraus entschieden. Gerade im Finale von Turnieren lieben es die Zuschauer, wenn es nach der Verlängerung noch Unentschieden steht und das Spiel durch ein Elfmeterschießen entschieden wird. Das Gute: Standards lassen sich trainieren.

ANSTOß

Zu Spielbeginn, nach einem Tor, zu Beginn der zweiten Halbzeit und zu Beginn der beiden Hälften der Verlängerung gibt es einen Anstoß vom Mittelpunkt aus. Ein Spieler der beginnenden Mannschaft steht am Mittelpunkt, die restlichen Spieler müssen sich in ihren Spielhälften außerhalb des Mittelkreises befinden.

STRAFSTOß

Vom Schiedsrichter verhängte Spielstrafe, die zu einem Schuss der nicht bestraften Mannschaft auf das gegnerische Tor aus elf Metern Entfernung führt. Alle Spieler außer Schütze und Torwart müssen außerhalb des Strafraums sein.

EINWURF

Schießt ein Spieler den Ball ins Aus, darf ein gegnerischer Spieler ihn mit den Händen von hinten über den Kopf zurück ins Feld werfen. Dabei müssen beide Füße auf dem Boden stehen und die Seitenlinie darf nicht überschritten werden.

ECKSTOß

Geht der Ball über die Torlinie – ohne ins Tor zu gehen – und wurde zuletzt von einem Spieler der verteidigenden Mannschaft berührt, gibt es eine „Ecke". Die Gegenspieler müssen 9,15 Meter Abstand halten.

ABSTOß

Der Ball überquert die Torlinie – ohne ins Tor zu gehen – und wurde zuletzt von einem Spieler der angreifenden Mannschaft berührt. Der Abstoß wird im Torraum meistens vom Torwart ausgeführt.

ABSCHLAG

Der Torwart nimmt den Ball vom Gegner auf oder bekommt ihn vom Mitspieler. Der Abschlag wird per Fuß, der Abwurf per Hand ausgeführt.

INDIREKTER FREISTOß

Wie der direkte Freistoß, nur dass vor einem Torschuss ein weiterer Mitspieler den Ball berührt haben muss.

DIREKTER FREISTOß

Vom Schiedsrichter verhängte Spielstrafe, die zu einem Schuss der nicht bestraften Mannschaft auf das gegnerische Tor führt. Die Spieler der verteidigenden Mannschaft müssen einen Abstand von mindestens 9,15 Meter zum Ball halten oder sich auf der eigenen Torlinie zwischen den Pfosten befinden. Der Schütze darf direkt aufs Tor schießen.

FÜR JEDES SPIEL DEN RICHT

Im Training werden Spielzüge einstudiert, damit sie im Spiel leicht durchgeführt werden können. Auch wenn sie auf der Taktiktafel schnell gezeichnet sind und einfach aussehen, funktionieren sie im Spiel nicht immer, denn auch die gegnerische Mannschaft bereitet sich auf mögliche Angriffe und Spielzüge vor. Damit Spielzüge überhaupt gelingen, sind zwei Voraussetzungen ganz wichtig: präzises Zuspiel und sichere Ballannahme. Beides solltest du viel trainieren.

KICK AND RUSH

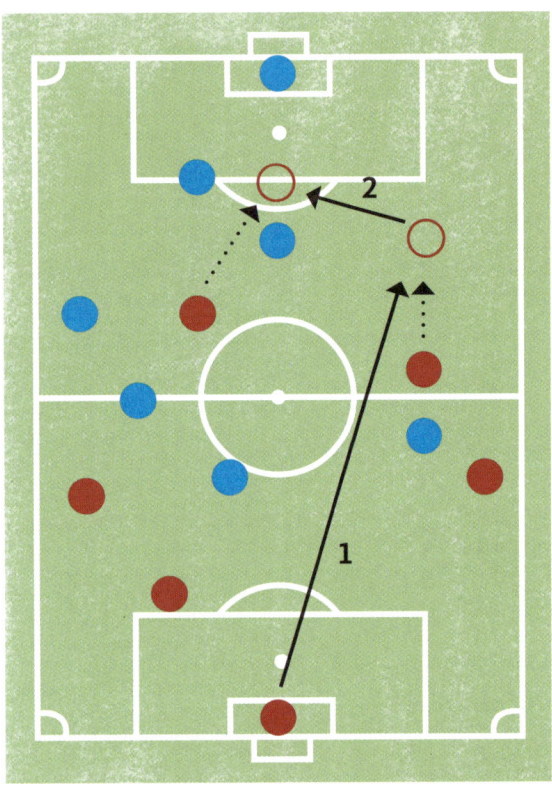

TIKI-TAKA

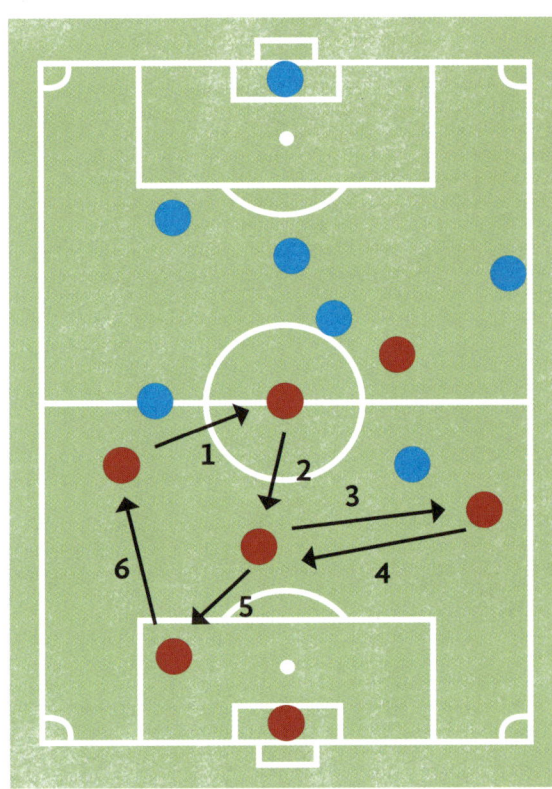

Dieser Spielzug stammt aus England und sorgt für ein offensives und risikoreiches Spiel. „Kick and Rush" ist englisch und bedeutet „Schießen und Stürmen". Dabei wird der Ball aus der Verteidigung hoch und weit in die gegnerische Hälfte geschossen. Wenn ihn der angespielte Stürmer kontrollieren kann, steht dieser gefährlich vor dem Tor. Häufig greifen die gegnerischen Verteidiger vorher ein und holen sich den Ball. Gerade in der Schlussphase von Spielen wird Kick and Rush gerne eingesetzt.

Dieser Spielzug stammt aus Spanien und sorgt für ein defensives und kontrolliertes Spiel. „Tiki-Taka" ist spanisch und bedeutet „Klick-Klack". Diese Wörter sind auch der Name eines Spiel, bei dem zwei gleich große Kugeln mit einer Schnur verbunden sind. Hält man die Schnur mittig in der Hand, so stoßen die Kugeln bei Bewegungen aneinander. Ähnlich den Kugeln ist das Team ständig in Bewegung und spielt sich den Ball mit kurzen, präzisen Pässen zu. Für den Gegner ist es so schwer, an den Ball heranzukommen.

GEN ZUG

Nicht jeder Spielzug passt zu jedem Verein. Besonders deutlich wird dies an dem spanischen „Tiki-Taka". Richtig angewendet bleibt die Mannschaft im Ballbesitz und kontrolliert damit das Spiel. Der spanische Trainer Pep Guardiola war beim FC Barcelona mit diesem Spielzug erfolgreich. Als er 2013 zum FC Bayern München wechselte, stellte er die Mannschaft auf diese Methode um. Was bei den Katalanen funktionierte, scheiterte bei den Bayern. Nach dem Weggang Guardiolas 2016 stellte München wieder auf das offensive Angriffsspiel um.

DOPPELPASS

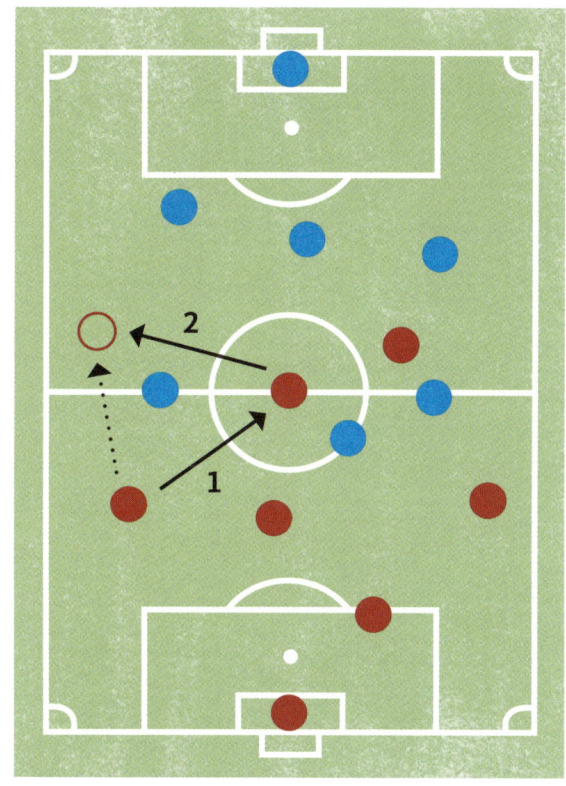

Beim Doppelpass spielen sich zwei Mitspieler mehrfach den Ball zu, um einen gegnerischen Spieler zu umgehen. Nachdem ein Spieler seinem Mitspieler den Ball gepasst hat, läuft er an dem Gegner vorbei und erhält den Ball dann von seinem Mitspieler wieder zugespielt. Der Gegner ist durch dieses Hin und Her getäuscht und ausgespielt. Häufig entstehen aus Doppelpässen gefährliche Konterangriffe aufs Tor.

FLÜGELSPIEL

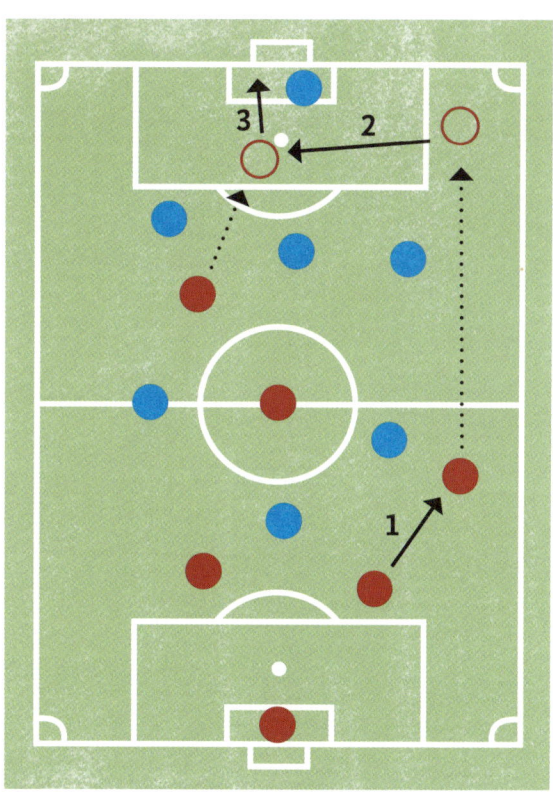

Spielzüge über den linken und rechten Flügel ziehen die gegnerische Abwehrkette auseinander und schaffen somit freie Räume in der Mitte des Spielfelds. Wenn zum Beispiel der Rechtsaußen den Ball von einem Mittelfeldspieler zugespielt bekommt, läuft er entlang der Außenlinie aufs Tor zu, umdribbelt dabei die Verteidiger und flankt in den Strafraum. Dorthin läuft ein Mitspieler und schießt oder köpft den Ball aufs Tor.

67

DRIBBLING-TRICKS – TEIL 1

Ein super Pass von deinem Mitspieler, du bekommst den Ball direkt in den Lauf gespielt, vor dir ist Platz, du preschst aufs Tor zu, willst schießen. Doch plötzlich steht dieser Verteidiger vor dir. Und nun? Jetzt brauchst du einen Trick, den Gegner geschickt zu umdribbeln. Julius und sein Freund Noah zeigen dir, wie sie es machen.

DER DOPPELTE ÜBERSTEIGER

1. Laufe schräg auf den Gegner zu, als wenn du links an ihm vorbeiziehen willst.

2. Stelle dich auf das linke Bein und hebe das rechte Bein.

3. Kreise mit dem rechten Bein in einem Bogen von innen nach außen.

DER HALBE DREHER

1. Nimm einen Pass mit dem Fuß an und lege den Ball vor dir ab.

2. Täusche vor, dass du den Ball nach links schießt.

3. Anstatt zu schießen, kreise mit dem rechten Bein über den Ball.

Stelle dich nun auf das rechte Bein und kreise mit dem linken Bein über den Ball.

Lande auf dem linken Fuß und nimm den Ball mit der Außenseite des rechten Fußes auf.

Verlagere deinen Schwerpunkt nach rechts und ziehe mit dem Ball schnell am Gegner vorbei.

Lande auf dem rechten Fuß und drehe dich rechtsrum.

Verlagere deinen Schwerpunkt nach links.

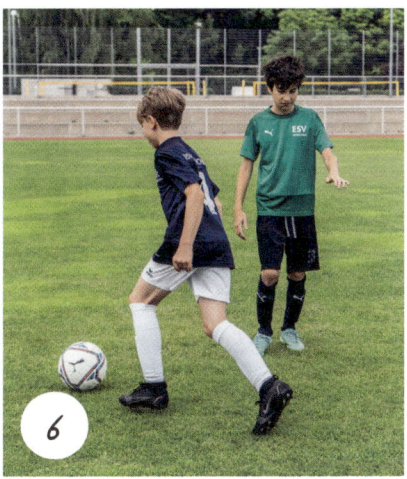

Ziehe mit dem Ball schnell links am Gegner vorbei.

DRIBBLING-TRICKS - TEIL 2

DER RÜCKWÄRTSLUPFER

1

Nimm einen hohen Pass mit der Brust an. Dazu ziehe die Schultern etwas nach hinten.

2

Wenn der Ball die Brust berührt, federe mit dem Oberkörper leicht zurück.

3

Hebe dein Bein und fixiere den Ball mit den Augen.

DER RÜCKZIEHER

1

Laufe schräg auf den Gegner zu, als wenn du rechts an ihm vorbeiziehen willst.

2

Stoppe vor ihm und setz den rechten Fuß auf den Ball.

3

Ziehe den Ball mit dem Fuß ein kleines Stück zurück.

4

Nimm den Ball in der Luft, ohne dass er auf dem Boden aufkommt.

5

Während der Ball über den Kopf des Gegners fliegt, drehe dich schnell um.

6

Laufe schnell am Gegner vorbei dem Ball hinterher.

4

Schieße den Ball mit der Innenseite des rechten Fußes hinter deinen Körper.

5

Verlagere deinen Schwerpunkt nach links.

6

Ziehe mit dem Ball schnell am Gegner vorbei.

DIY TAKTIK-TAFEL

Mit der richtigen Aufstellung ist das Spiel fast schon gewonnen, findet Julius. Um verschiedene Szenarien durchzuspielen, hat er sich eine magnetische Taktiktafel gebastelt. Das kannst du auch. Hier zeigt er dir, wie es geht.

DU BRAUCHST:

1 Holzplatte (z.B. Rückwand eines Bilderrahmens), 1 Magnetfarbe, 1 Pinsel, 1 Kreidestift, 18 Magnetpins in 2 unterschiedlichen Farben

Bestreiche die Holzplatte mit Magnetfarbe und lasse sie mindestens 4 Stunden trocknen.

Markiere den Spielfeldrand mit einem dicken Kreidestrich.

Zeichne mit dem Kreidestift die Mittellinie, die Strafräume, die Halbkreise und Elfmeterpunkte ein.

Zeichne nun noch den Mittelpunkt und Kreis sorgfältig ein und warte bis die Kreide getrocknet ist.

Julius spielt in der D-Jugend, also mit 9 Spielern. Mit den Magnetpins lassen sich nun Aufstellungen und Spielzüge nachstellen.

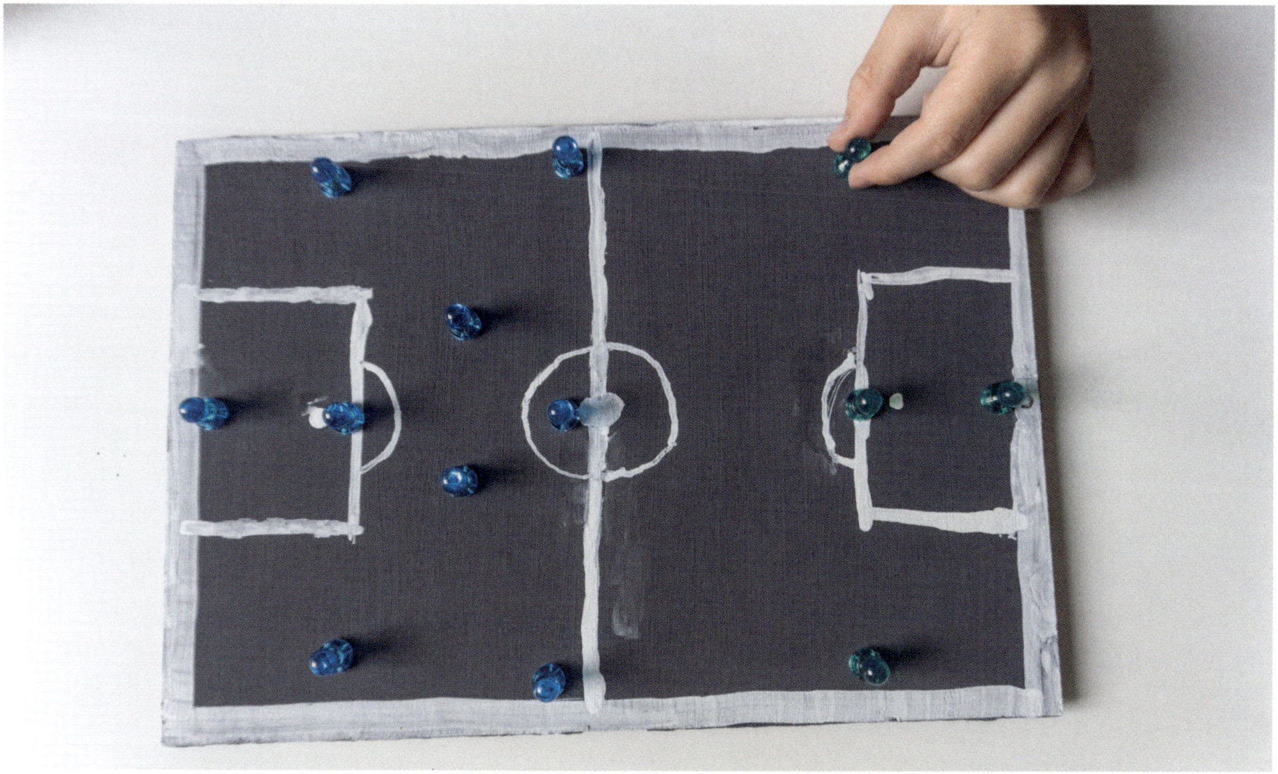

PLANE DEINE SPIELZÜGE AUF DER TAKTIKTAFEL!

Der Trainer wählt vor einem Spiel das passende System und plant einzelne Spielzüge. Im Training stimmt er seine Mannschaft darauf ein und übt Pässe, Flanken und Schüsse mit den Spielern. Mit deiner Taktiktafel kannst du dich auch optimal auf das nächste Spiel vorbereiten. Julius zeigt dir, wie es geht.

In der D-Jugend spielen jeweils 9 Kinder gegeneinander. Da der Gegner in der Mitte stark aufgestellt ist, hat sich Julius für ein Spiel über die Außenlinien entschieden. Entsprechend plant er ein 3-3-2-System, bei dem es äußere Verteidiger und Mittelfeldspieler gibt, die über die Flügel ziehen können. Wie ein solcher Angriff über außen aussehen könnte, hat er rechts aufgemalt.

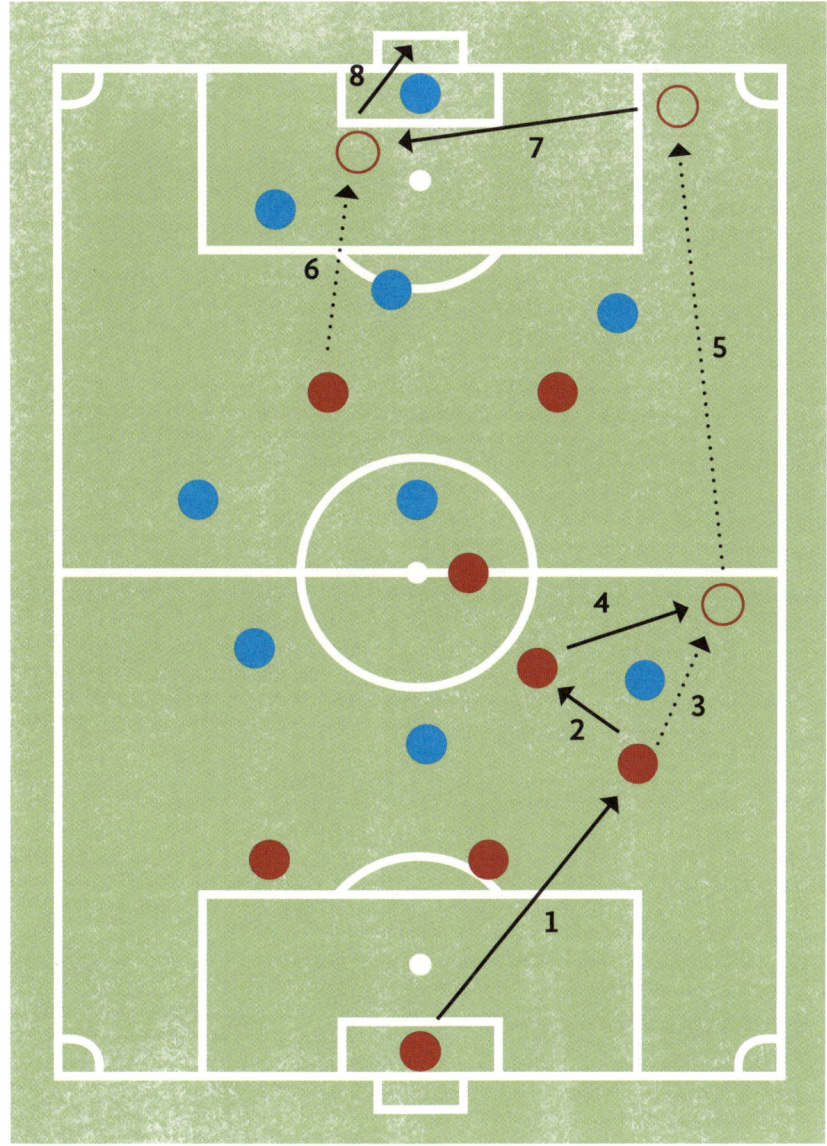

ABSTOSS, DOPPELPASS, FLANKE, TOR!

1. Abstoß: Der Torwart sieht im Mittelfeld rechts freien Raum und spielt zu seinem Rechtsverteidiger.
2. Dieser passt zu seinem Mitspieler im Mittelfeld ...
3. ... und läuft rechts an dem gegnerischen Stürmer vorbei.
4. Der Mittelfeldspieler sieht den freien Raum und spielt den Doppelpass zum Rechtsaußen.
5. Dieser sprintet über den rechten Flügel entlang der Außenlinie Richtung Tor.
6. Dies erkennt der linke Außenstürmer und läuft in den Strafraum. Achtung, auf Abseits aufpassen!
7. Der Flügelstürmer setzt sich gegen den gegnerischen Verteidiger durch und flankt zu seinem Mitspieler.
8. Der hält den Kopf hin und macht das Tor!

VEREINE UND

Hast du deinen Lieblingsverein schon mal im Stadion spielen gesehen? Schon vor dem Spiel gibt es auf den Rängen gute Stimmung mit Trommelschlägen und Gesang, die Fans freuen sich auf ihre Helden und wollen ein Spiel mit vielen Toren sehen – und einem Sieg.

Alleine in Deutschland gibt es knapp 128.000 Fußballmannschaften. Nur sehr wenige von ihnen spielen als Profis in der Bundesliga und nur die besten qualifizieren sich für die UEFA Champions League oder andere internationale Turniere. Alle vier Jahre gibt es ein besonderes Highlight: die Fußball-Weltmeisterschaft. Da fiebert das ganze Land mit unserer Elf mit. Deutschland ist schon 4-mal Weltmeister geworden.

TURNIERE

LIGEN UND WETTBEWERBE

Wenn du mit deinen Freunden gut spielst, kann eure Mannschaft in die Kreisliga kommen. Ab dieser Stufe habt ihr Chancen, bis in die Bundesliga aufzusteigen. Nur ist dies ein langer Weg, und ihr seid dabei nicht alleine. Insgesamt gibt es in Deutschland knapp 128.000 Mannschaften, von denen nur 56 Teams im Profifußball sind. Die Spieler in diesen drei obersten Ligen sind von Beruf Fußballer und verdienen damit ihr Geld.

LIGEN

In Deutschland sind die Mannschaften in acht Ligen eingeteilt. Je höher die Liga ist, desto weniger Mannschaften spielen in ihr und desto weiter entfernt sind die Auswärtsspiele. In dem Schaubild siehst die Ligen mit der Anzahl der Mannschaften.

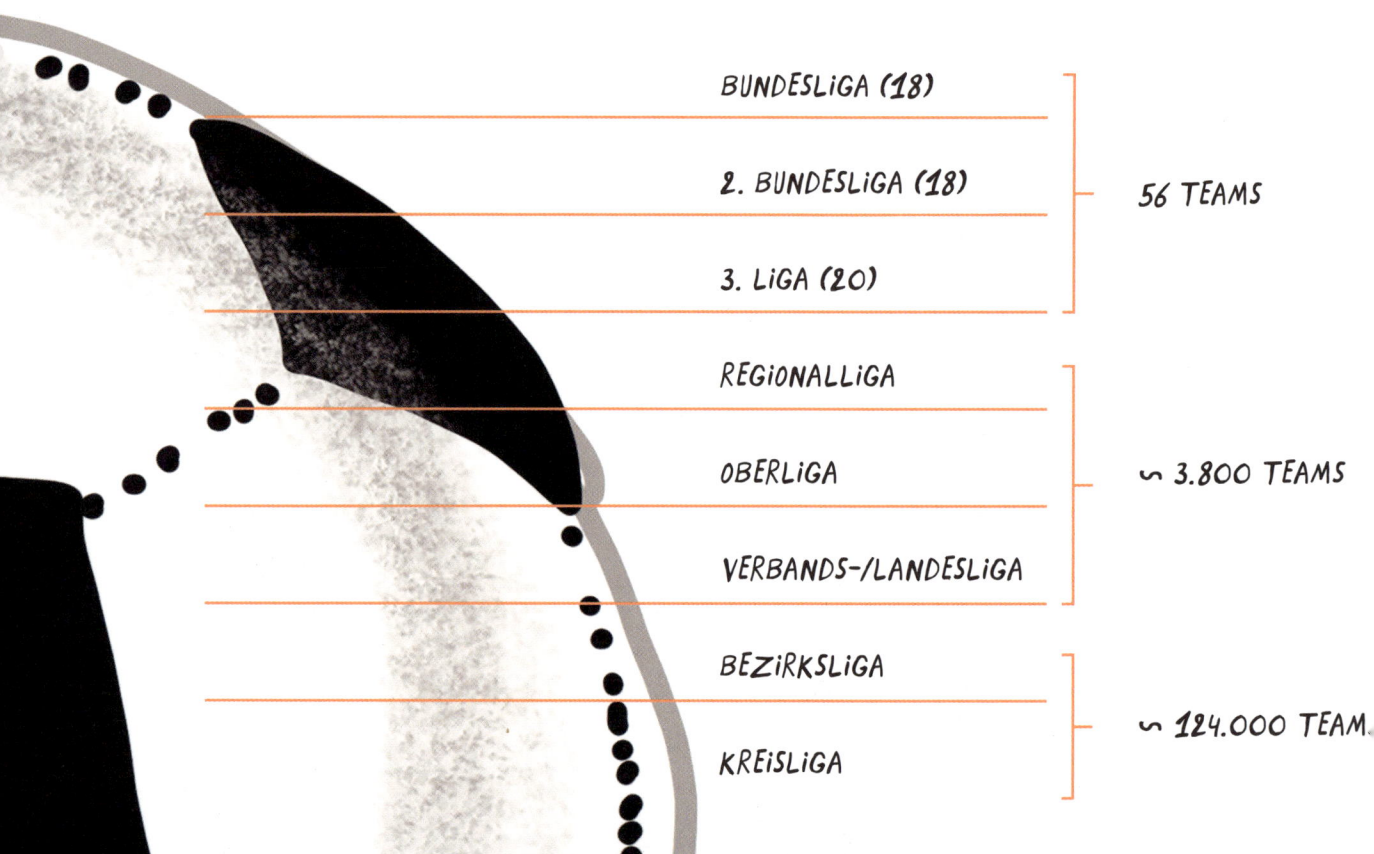

- BUNDESLIGA (18)
- 2. BUNDESLIGA (18)
- 3. LIGA (20)
— 56 TEAMS

- REGIONALLIGA
- OBERLIGA
- VERBANDS-/LANDESLIGA
— ~ 3.800 TEAMS

- BEZIRKSLIGA
- KREISLIGA
— ~ 124.000 TEAM

WETTBEWERBE

Wenn du im Verein spielst, finden ab und zu Turniere statt. Diese Wettbewerbe sind eine schöne Abwechslung zu den regulären Spielen, da man dort Mannschaften aus anderen Städten kennenlernt, es am Spielfeldrand leckere Verpflegung gibt und am Ende des Turniers eine Siegerehrung stattfindet, bei der meistens alle Spieler eine Medaille erhalten.

Im Profifußball sind diese Wettbewerbe große Events, bei denen viele Menschen mit ihrem Verein im Stadion, beim Public Viewing vor großen Bildschirmen oder vor den TV-Geräten zu Hause mitfiebern. Julius stellt dir die bekannten Wettbewerbe vor:

DFB-POKAL

Jährlich veranstaltet der DFB diesen Wettbewerb – und das schon seit 1935. 64 deutsche Teams dürfen mitmachen: 18 aus der Bundesliga, 18 aus der 2. Bundesliga, 4 aus der 3. Liga und 24 aus den unteren Ligen. Wer gegen wen spielt, wird vorher ausgelost. Dabei kommt es oft zu ungleichen Paarungen, bei denen die kleinen Vereine manchmal für große Sensationen sorgen. So schlug der FV Weinheim aus der Oberliga den Rekordmeister FC Bayern 1990 mit 1:0. Das Turnier wird im K.-o.-System gespielt, d.h. die Vereine spielen einmal gegeneinander, weiterkommt der, der das Spiel gewinnt. Das Finale findet im Berliner Olympiastadion statt.

UEFA CHAMPIONS LEAGUE

Man nennt diesen Wettbewerb auch Königsklasse. Nicht ohne Grund, denn hier spielen die besten Vereine Europas gegeneinander. 32 Klubs können sich qualifizieren: die Meister der besten 10 Ligen, die Zweitplatzierten der besten 6 Ligen, die Tabellendritten und -vierten der besten 4 Ligen, der Gewinner der letzten Champions League, der Sieger der letzten Europa League, 4 verbliebene Meister und 2 Mannschaften aus den 15 besten Ligen. Das Turnier startet mit den Gruppenspielen, bei denen je 4 Mannschaften in 8 Gruppen ein Hin- und ein Rückspiel absolvieren. Die beiden Gruppengewinner kommen in die Endrunde und spielen dort im K.-o.-System vom Achtelfinale bis zum Finale.

FIFA WORLD CUP

Die Fußballweltmeisterschaft findet nur alle vier Jahre statt und wird wie die Champions League mit 32 Vereinen gespielt, die sich vorher qualifizieren müssen. In der Gruppenphase spielen jeweils 4 Länderteams in 8 Gruppen gegeneinander. Die beiden Gruppengewinner kommen in die Finalrunde, wo sie im K.-o.-Verfahren vom Achtelfinale bis zum Finale den Weg zum Weltmeistertitel gehen. Rekordhalter ist Brasilien mit 5 gewonnenen Weltmeisterschaften, gefolgt von Deutschland und Italien, die beide je 4-mal den Titel geholt haben. Deutschland war in den Jahren 1954, 1974, 1990 und 2014 erfolgreich. Die nächste WM wird im Wüstenstaat Katar stattfinden. Wegen der hohen Hitze im Sommer wird das Turnier erstmals zum Jahresende – im November und Dezember 2022 – stattfinden.

WER IST DEIN LIEBLINGSVEREIN?

Diese Frage bekommen Kinder, die gerne Fußball spielen, oft gestellt. Meistens ist das der Verein aus der Stadt, in der man wohnt. Bei Julius – als Münchner Kindl – ist das der FC Bayern München. Dass er sich aber auch noch für Manuel Neuer begeistert, hat weder mit dessen Mannschaft, noch mit den zahlreichen Auszeichnungen zu tun, sondern mit dem hellgrünen Trikot, das er während der Weltmeisterschaft 2014 getragen hat. Als Julius im Alter von vier Jahren die deutsche Mannschaft in Brasilien siegen sah, wollte er auch Torwart werden – mit hellgrünem Trikot.

MANUEL NEUER (WELTTORHÜTER, KAPITÄN DER DEUTSCHEN NATIONALMANNSCHAFT UND DES FC BAYERN MÜNCHEN)

Von welchem Verein hast du die passende Bettwäsche in Vereinsfarben oder ein Quietscheentchen mit Vereinslogo auf der Brust? Gibt es einen Spieler, den du gerne magst oder sogar schon mal im Stadion oder auf dem Trainingsplatz gesehen hast? Weltweit begeistern sich Kinder (und auch Erwachsene) für ihre Idole auf dem Spielfeld. Häufig sind es erfolgreiche Spieler und Vereine, die schon viele Meisterschaften und Turniere gewonnen haben. Auf der rechten Seite findest du die Top 5 in Europa.*

Aber natürlich machen Erfolge alleine aus einem Spieler noch kein Idol, vielmehr gehören dazu Eigenschaften wie Fairness, Verantwortungsbewusstsein und Motivationskraft. Julius würde einen solchen Spieler mit einem Wort beschreiben: „Ehrenmann".

* Ranking der wertvollsten Fußballspieler und erfolgreichsten europäischen Vereine von der Transfermarkt GmbH & Co. KG. Stand: Oktober 2022

DIE TOP-5-VEREINE

1. Real Madrid
35-mal war Real Madrid spanischer Meister, 14-mal Champions-League-Sieger. Real Madrid ist in seiner 120-jährigen Vereinsgeschichte noch nie abgestiegen. 2000 wurde er vom Weltfußballverband FIFA als „bester Fußballverein des 20. Jahrhunderts" ausgezeichnet. „Real" ist spanisch und bedeutet übersetzt „königlich". Diesen Zusatz zum damaligen Namen „Madrid FC" erhielt der Verein vom spanischen König Alfonso XIII., einem begeisterten Fußballfan.

2. FC Barcelona
Die Erfolgsbilanz des zweiten spanischen Vereins ist ebenfalls beeindruckend: Er hat 26-mal die Meisterschaft und 5-mal die Champions League gewonnen. 20 der 25 Spieler sind Nationalspieler für ihre Heimatländer. Bei Heimspielen können fast 100.000 Fans im riesigen Stadion „Spotify Camp Nou" ihrer Mannschaft zuschauen.

3. AC Mailand
Auch die Italiener haben einen Verein, der bei europäischen Turnieren ganz oben mitspielt. Der AC Mailand hat 19-mal die Meisterschaft und 7-mal die Champions League gewonnen. Das Giuseppe-Meazza-Stadion teilt sich der Klub mit seinem Stadtrivalen Inter Mailand.

4. FC Liverpool
Das Team von Jürgen Klopp (ehemals Trainer bei Mainz 05 und Borussia Dortmund) war 19-mal englischer Meister und hat 6-mal den Champions-League-Pokal gewonnen. Der wegen seiner Trikotfarbe auch „The Reds" (englisch, übersetzt „Die Roten") genannte Verein hat eine große und treue Fangemeinde.

5. FC Bayern München
Der erfolgreichste deutsche Verein, Bayern München, hat 32-mal die Meisterschale und 6-mal den Champions-League-Pokal gewonnen. 20 Spieler des 24-köpfigen Kaders spielen für die Nationalmannschaft ihrer Heimatländer. Manuel Neuer ist seit 2011 im Tor des deutschen Rekordvereins.

DIE TOP-5-SPIELER

1. Kylian Mbappé
Mit einem Marktwert von 160 Mio. Euro ist er der weltweit teuerste Spieler. 1998 in Paris geboren hat der Mittelstürmer in der französischen Nationalmannschaft in 59 Länderspielen 28 Tore erzielt. Mit seinem Verein FC Paris Saint-German wurde er 4-mal Meister, 2018 sogar Weltmeister und Fußballer des Jahres.

2. Erling Haaland
Der norwegische Mittelstürmer wurde 2000 in Leeds (England) geboren. Nicht nur seine Größe ist mit 1,95 Meter beachtlich, sondern auch seine Trefferquote für das Norwegen-Team (21 Tore in 23 Spielen) und sein Marktwert von 150 Mio. Euro. Haaland ist seit Juli 2022 bei Manchester City unter Vertrag, davor spielte er für Borussia Dortmund, wo er den DFB-Pokal gewann.

3. Vinicius Junior
2000 in São Gonçalo (Brasilien) geboren spielt der Linksaußen seit Juli 2018 im Team von Real Madrid, mit dem er 2-mal die spanische Meisterschaft, 2-mal den spanischen Pokal und 1-mal die Champions League gewann. Bei der Südamerikameisterschaft 2017 wurde er mit 7 Treffern zum Torschützenkönig gekürt. Sein Marktwert beträgt 120 Mio. Euro.

4. Pedri
Sein vollständiger Name lautet Pedro González López. Er wurde 2002 auf Teneriffa geboren. Seine Position ist das zentrale Mittelfeld, sein Verein der FC Barcelona, mit dem er spanischer Pokalsieger wurde. Wenngleich er mit 20 Jahren noch recht jung ist und erst 14 Länderspiele für die spanische Nationalmannschaft absolvierte, hat er einen Marktwert von 90 Mio. Euro.

5. Jude Bellingham
Mit Borussia Dortmund wurde der zentrale Mittelfeldspieler 2021 Pokalsieger. Bellingham wurde 2003 In Stourbridge (England) geboren und begann seine Profikarriere bei Birmingham City. Dort war er mit 16 Jahren und 63 Tagen der jüngste Torschütze. Mittlerweile hat er 17 Länderspiele für England gespielt und einen Marktwert von 90 Mio. Euro erreicht.

DER WEG ZUM PROFI

Hast Du auch schon mal geträumt, ein Fußballstar zu sein? Bei Meisterschaften und internationalen Turnieren mitspielen zu dürfen? Die Karriere zum Profifußballer fängt im Heimatverein an und kann, wenn du gut bist und Glück hast, bis zu den oberen Ligen gehen. Allerdings ist dies ein langer Weg, auf dem du viel Ehrgeiz und Ausdauer benötigst. Nur wenige schaffen es bis an die Spitze.

Alexandra „Alex" Popp hat diesen Traum verwirklicht. Sie gehört zu den besten deutschen Fußballerinnen und hat alleine im Jahr 2022 drei große Erfolge erzielt: Sie gewann mit ihrem Verein VfL Wolfsburg die Deutsche Meisterschaft und den DFB-Pokal. Und führte als Kapitänin die deutsche Nationalmannschaft zum Vize-Europameistertitel.

VOM HEIMATVEREIN IN DIE BUNDESLIGA

Als junges Mädchen hat Alex Popp beim FC Schwarz-Weiß Silschede in Gevelsberg in gemischten Teams mit den Jungen zusammen Fußball gespielt. Mit 16 Jahren ging sie zum Frauenverein 1. FFC Recklinghausen. Als die Mannschaft 2008 nur knapp den Aufstieg in die Regionalliga West verpasste, wechselte Alex Popp zum Bundesligaverein FCR 2001 Duisburg. Hier hatte sie ihre ersten großen Erfolge: Sie gewann mit dem Team den UEFA Women's Cup, den DFB-Pokal und die Vizemeisterschaft. Nach 80 Spielen und 31 Toren wechselte sie 2012 zum VfL Wolfsburg, mit dem sie bis heute alleine 7-mal die Meisterschaft gewonnen hat.

Bei der UEFA Women's Champions League 2019

Bei der UEFA Women's European Championship 2022

Deutscher Meister mit dem VfL Wolfsburg 2022

„DER WERDEGANG EINES FUSSBALLERS IST WIE DER EINES SCHRIFTSTELLERS: ERST LERNT ER DIE BUCHSTABEN (SCHUSSTECHNIKEN), DANN DIE WÖRTER (SPIELZÜGE), BILDET DARAUS SÄTZE (SPIELSYSTEME) UND SCHREIBT DANN EIN BUCH (90 MINUTEN EINSATZ, KREATIVITÄT, TECHNIK UND ZUSAMMENHALT)."

Imren Mehmedulov (Trainer ESV München)

GRÖSSTE ERFOLGE

— Vize-Europameisterin 2022
— Deutsche Meisterin: 7-mal (2013-2022)
— DFB-Pokal-Siegerin: 11-mal (2009-2022)
— Olympiasiegerin: 2016
— Fußballerin des Jahres: 2014, 2016
— Niedersachsens Sportlerin des Jahres: 2016
— Champions-League-Siegerin: 2013, 2014
— Nationalspielerin des Jahres 2012
— FLVW-Ehrennadel in Gold 2011
— Verdienstorden des Landes NRW 2011
— U20-Weltmeisterin: 2010
— UEFA-Women's-Cup-Siegerin: 2009
— Fritz-Walter-Medaille in Silber 2009
— U17-Europameisterin: 2008

DER VEREIN IST DEINE ZWEITE FAMILIE

Im Team sind alle gleich, egal, wo sie herkommen, wie sie heißen, was sie essen, an was sie glauben, welche Sprache sie sprechen, welche Hautfarbe sie haben, wie groß sie sind ... Das, was sie zusammenhält, ist der Spaß am gemeinsamen Spiel.

In Julius' Mannschaft gibt es mehrere Kinder, deren Eltern aus anderen Ländern kommen, teils leben dort die Großeltern, Tanten und Onkels. Du findest deren Heimatländer hinter den Namen in Klammern. Zähl mal durch – es sind insgesamt zwölf unterschiedliche Länder!

Trainer: Imren (Bulgarien), Raphael (Deutschland)

Hintere Reihe: Essa (Gambia), Vincent (Deutschland), Tszianlon (China, Ukraine), Julius (Deutschland), Ferdinand (Deutschland), Kostiantyn (Ukraine), Alen (Bosnien, Kroatien), Jakob (Deutschland), Angelo (Italien, Polen), Jasper (Deutschland), Noah (Armenien, Georgien)

Vordere Reihe: Vladimir (Bulgarien), Diego (Kroatien), Marc (Deutschland, Spanien), Tim (Deutschland), Benedikt (Deutschland), Paul (Deutschland)

WM-SPIELPLAN

GRUPPE A
A1 _____
A2 _____
A3 _____
A4 _____

A1 : A2 _____ : _____
A3 : A4 _____ : _____
A3 : A1 _____ : _____
A2 : A4 _____ : _____
A2 : A3 _____ : _____
A4 : A1 _____ : _____

PLATZ	TEAM	TORE	PUNKTE
1	___	_:_	___
2	___	_:_	___
3	___	_:_	___
4	___	_:_	___

GRUPPE B
B1 _____
B2 _____
B3 _____
B4 _____

B1 : B2 _____ : _____
B3 : B4 _____ : _____
B3 : B1 _____ : _____
B2 : B4 _____ : _____
B2 : B3 _____ : _____
B4 : B1 _____ : _____

PLATZ	TEAM	TORE	PUNKTE
1	___	_:_	___
2	___	_:_	___
3	___	_:_	___
4	___	_:_	___

GRUPPE C
C1 _____
C2 _____
C3 _____
C4 _____

C1 : C2 _____ : _____
C3 : C4 _____ : _____
C3 : C1 _____ : _____
C2 : C4 _____ : _____
C2 : C3 _____ : _____
C4 : C1 _____ : _____

PLATZ	TEAM	TORE	PUNKTE
1	___	_:_	___
2	___	_:_	___
3	___	_:_	___
4	___	_:_	___

GRUPPE D
D1 _____
D2 _____
D3 _____
D4 _____

D1 : D2 _____ : _____
D3 : D4 _____ : _____
D3 : D1 _____ : _____
D2 : D4 _____ : _____
D2 : D3 _____ : _____
D4 : D1 _____ : _____

PLATZ	TEAM	TORE	PUNKTE
1	___	_:_	___
2	___	_:_	___
3	___	_:_	___
4	___	_:_	___

GRUPPE E
E1 _____
E2 _____
E3 _____
E4 _____

E1 : E2 _____ : _____
E3 : E4 _____ : _____
E3 : E1 _____ : _____
E2 : E4 _____ : _____
E2 : E3 _____ : _____
E4 : E1 _____ : _____

PLATZ	TEAM	TORE	PUNKTE
1	___	_:_	___
2	___	_:_	___
3	___	_:_	___
4	___	_:_	___

GRUPPE F
F1 _____
F2 _____
F3 _____
F4 _____

F1 : F2 _____ : _____
F3 : F4 _____ : _____
F3 : F1 _____ : _____
F2 : F4 _____ : _____
F2 : F3 _____ : _____
F4 : F1 _____ : _____

PLATZ	TEAM	TORE	PUNKTE
1	___	_:_	___
2	___	_:_	___
3	___	_:_	___
4	___	_:_	___

GRUPPE G
G1 _____
G2 _____
G3 _____
G4 _____

G1 : G2 _____ : _____
G3 : G4 _____ : _____
G3 : G1 _____ : _____
G2 : G4 _____ : _____
G2 : G3 _____ : _____
G4 : G1 _____ : _____

PLATZ	TEAM	TORE	PUNKTE
1	___	_:_	___
2	___	_:_	___
3	___	_:_	___
4	___	_:_	___

GRUPPE H
H1 _____
H2 _____
H3 _____
H4 _____

H1 : H2 _____ : _____
H3 : H4 _____ : _____
H3 : H1 _____ : _____
H2 : H4 _____ : _____
H2 : H3 _____ : _____
H4 : H1 _____ : _____

PLATZ	TEAM	TORE	PUNKTE
1	___	_:_	___
2	___	_:_	___
3	___	_:_	___
4	___	_:_	___

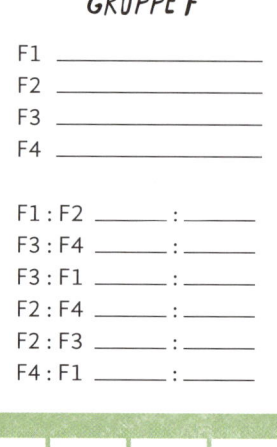

Ein internationales Turnier ist immer spannend. Da spielen Länder mit, in denen du vielleicht schon mal im Urlaub warst. Und du siehst die internationalen Stars deines Lieblingsklubs gegen die deutsche Elf spielen. Julius freut sich am meisten auf die Spiele der Deutschen, Franzosen und Argentinier. Diesen Spielplan kannst Du bei der nächsten Fußballweltmeisterschaft von der Gruppenphase bis zum Finale ausfüllen. Viel Spaß dabei!

1. ACHTELFINALE
Sieger A : Zweiter B
_____ : _____
_____ : _____

2. ACHTELFINALE
Sieger C : Zweiter D
_____ : _____
_____ : _____

3. ACHTELFINALE
Sieger E : Zweiter F
_____ : _____
_____ : _____

4. ACHTELFINALE
Sieger G : Zweiter H
_____ : _____
_____ : _____

5. ACHTELFINALE
Zweiter A : Sieger B
_____ : _____
_____ : _____

6. ACHTELFINALE
Zweiter C : Sieger D
_____ : _____
_____ : _____

7. ACHTELFINALE
Zweiter E : Sieger F
_____ : _____
_____ : _____

8. ACHTELFINALE
Zweiter G : Sieger H
_____ : _____
_____ : _____

1. VIERTELFINALE
Sieger AF 5 : Sieger AF 6
_____ : _____
_____ : _____

2. VIERTELFINALE
Sieger AF 1 : Sieger AF 2
_____ : _____
_____ : _____

3. VIERTELFINALE
Sieger AF 7 : Sieger AF 8
_____ : _____
_____ : _____

4. VIERTELFINALE
Sieger AF 4 : Sieger AF 3
_____ : _____
_____ : _____

1. HALBFINALE
Sieger VF 1 : Sieger VF 2
_____ : _____
_____ : _____

2. HALBFINALE
Sieger VF 3 : Sieger VF 4
_____ : _____
_____ : _____

SPIEL UM PLATZ 3
Verlierer HF 1 : Verlierer HF 2
_____ : _____
_____ : _____

FINALE
Sieger HF 1 : Sieger HF 2
_____ : _____
_____ : _____

FUßBALLWELTMEISTER: _____

DIY FUSSBALLQUARTETT
CHECK DEIN WISSEN ÜBER FUSSBALL

Beim Fußball gibt es Aufstellungen, Spielsysteme, Taktiken und vieles mehr zu erforschen. Im Stadion treffen die Fans auf ihre Stars und fiebern bei Spielen mit ihrem Verein mit. Julius erklärt dir in diesem Buch, wo der Fußball herkommt, wer alles zu einer Mannschaft gehört und welche Spielregeln vom Schiedsrichter kontrolliert werden. Du erfährst alles Wichtige über Standardsituationen, Schusstechniken, Spielzüge und das richtige Training. Mit diesem Quartett kannst du dein Wissen festhalten, beim Spielen nochmal vertiefen und mit deinen Freunden teilen.

BASTELANLEITUNG

1. Falte ein DIN-A-4-Blatt dreimal je in der Mitte zusammen, sodass acht Rechtecke entstehen.
2. Wiederhole dies Faltprozedur mit drei weiteren Blättern.
3. Schneide 32 Rechtecke aus und beschrifte sie wie rechts dargestellt: „A1 Mexiko", „A2 China" und so weiter.
4. Trage auf jeder Spielkarte die drei wichtigsten Eigenschaften des jeweiligen Begriffs ein.

SPIELREGELN

- Karten mischen und an die Spieler verteilen.
- Der Spieler links vom Kartengeber beginnt und fragt jemanden nach einer Karte („Hast du G1?").
- Falls ja, muss der Befragte die Karte herausgeben.
- Der Fragende darf solange Karten fordern, bis jemand die angeforderte Karte nicht hat. Dann ist dieser dran, Karten anzufordern.
- Sobald ein Spieler ein Quartett (zum Beispiel G1 – G4) hat, legt er es offen vor sich hin.
- Hat ein Spieler keine Karten mehr, ist er aus dem Spiel, und sein linker Nachbar fragt als Nächster nach Karten.
- Wer bis Ende die meisten Quartette sammelt, gewinnt.

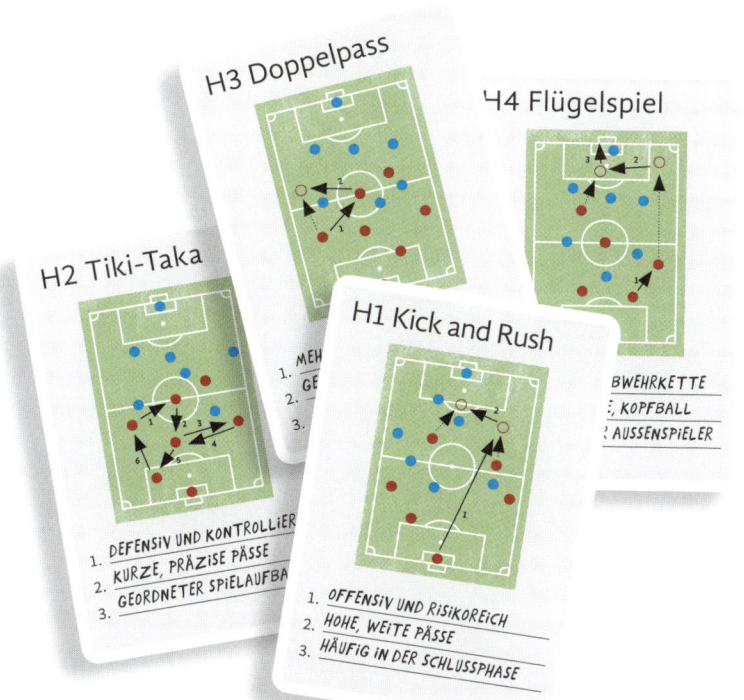

FREUNDE-FUSSBALL-QUARTETT

Du kannst auch ein Quartett mit den Steckbriefen deiner Freunde und Familie erstellen. Dazu 32 Karten mit den Namen versehen, zum Beispiel vier aus dem Fußballverein (A1 Jakob, A2 Noah ...), vier Klassenkameraden (B1 Mio, B2 Timi ...), vier Nachbarn (C1 Nico, C2 Emil ...), vier aus der Familie (D1 Mama, D2 Emilia ...) und so weiter bis H4.

Darunter dann eine Zeichnung oder ein Foto von der Person setzen und die Spezifikation ausfüllen, zum Beispiel Lieblingsposition, Lieblingsschusstechnik, Lieblingsverein oder Lieblingsspieler.

8 KATEGORIEN, 4 ARTEN, 32 SPIELKARTEN

HERKUNFT	IM STADION	OUTFIT	SCHUSSTECHNIKEN
A1 Mexiko	B1 Spielfeld	C1 Trikot	D1 Innenrist
A2 China	B2 Steh-/Sitzplätze	C2 Hose	D2 Außenrist
A3 Japan	B3 Coaching-Zone	C3 Stutzen	D3 Vollspann
A4 England	B4 Pressetribüne	C4 Schuhe	D4 Volley

TRAININGS	POSITIONEN	STANDARDS	SPIELZÜGE
E1 Dehnen	F1 Torwart	G1 Freistoß	H1 Kick and Rush
E2 Koordination	F2 Abwehr	G2 Einwurf	H2 Tiki-Taka
E3 Laufen	F3 Mittelfeld	G3 Eckball	H3 Doppelpass
E4 Schnelligkeit	F4 Angriff	G4 Abschlag	H4 Flügelspiel

DAS GAB'S ZUM FUßBALL

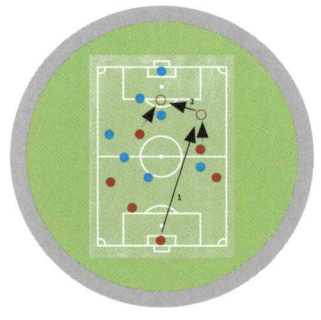

FORSCHERGEIST

8 „Foodball's coming home" – aber wo ist der Fußball zu Hause?
10 Magst du im Stadion lieber stehen oder sitzen?
12 Wer gehört alles zu einer Mannschaft?
14 Kein Spiel ohne Regeln
16 Der Schiri hat keinen leichten Job
18 Welche Arten von Bällen gibt es?
24 Das perfekte Outfit für den Fußballspieler
26 Welche Schuhe ziehe ich heute bloß an?
46 Spiel mit System!
48 Die E-Jugend: 7 gegen 7
50 Die D-Jugend: 9 gegen 9
54 Gemeinsam stark!
64 Standardsituationen
66 Für jedes Spiel den richtigen Zug
80 Ligen und Wettbewerbe
82 Wer ist dein Lieblingsverein?
84 Der Weg zum Profi
86 Der Verein ist deine zweite Familie

ENTDECKERLUST

28 Der große Dribbling-Test
30 Schusstechniken
36 Dehnen und Koordinationstraining
38 Lauftraining
40 Schnelligkeitstraining
56 Welcher Spielertyp bist du?
58 Positionscheck
68 Dribbling-Tricks
76 Plane deine Spielzüge auf der Taktiktafel
88 WM-Spielplan

BASTELSPAß

20 Fußballlampe
34 Torwandschießen
42 Trainingswürfel
60 Ball-Lauf-Gemälde
74 Taktiktafel
90 Fußballquartett

JULIUS FORSCHT WEITER ...

Wieso ist das Meerwasser salzig? Wie entsteht eigentlich Wind? Was ist das für ein Pilz, der in den Dünen wächst? Begleite Julius dabei, wie er diesen und vielen anderen Fragen auf den Grund geht. Und das neue Wissen gleich ausprobiert: Er nimmt einen Krebs auf die Hand, um dessen Gang genau zu beobachten. Oder er beißt in den Queller, der das Meersalz in seinen Stängeln ablagert. Als großer Do-it-yourself-Fan gibt er tolle Basteltipps, zum Beispiel für einen Drachen oder einen coolen Schlüsselanhänger aus Treibholz.

Der erste Schritt in die Freiheit, volle Pulle den Berg runtersausen – das Fahrrad macht's möglich. Aber welcher Radtyp passt zu mir? Wie gut schützt ein Fahrradhelm aus Kunststoff? Ist ein Mountainbike ohne Lampen im Straßenverkehr erlaubt? Julius will alles genau verstehen und probiert das neue Wissen selbst aus: Er testet seine Bremsen auf unterschiedlichen Böden und macht ein Gangschaltungsexperiment. Für DIY-Fans gibt Julius Tipps zur Verschönerung von Lenker und Klingel und bastelt aus einer alten Bremse eine Schreibtischlampe.

Auch Kinder können Erste Hilfe leisten. Julius zeigt, wie man Schürfwunden verbindet, verstauchte Knöchel versorgt und Verletzte in die stabile Seitenlage bringt. Nebenbei erforscht er den Körper: Wie repariert sich Haut nach einem Schnitt? Können Knochen an derselben Stelle zweimal brechen? Warum wird man bewusstlos? Dazu gibt es jede Menge zu entdecken, zum Beispiel bei dem Eierglasexperiment, der Lungenvolumenmessung und dem Kreislauftest, und zu basteln, zum Beispiel eine Gipshand, eine Spitzwegerichsalbe und ein Kirschkernkissen.

Was unterscheidet eine Eiche von einer Buche? Warum ist es im Sommer trotz Hitze im Wald angenehm kühl? Was passiert mit dem Herbstlaub? Julius beobachtet im Frühling Bienen beim Nektarsammeln, im Sommer badet er im Wald, im Herbst geht er in die Pilze und im Winter auf Spurensuche im Schnee. In einem Experiment weist er nach, dass Pflanzen Sauerstoff erzeugen, und auf einem „Fress-Parcours" testet Julius den Geschmack von Ameisen. Dazu gibt's tolle DIYs: Insektenhotel, Blattkunstwerk, Holunderblütensirup, Räucherstäbchen und Schneeschuhe.

Planeten, Sterne, Monde, Kometen, schwarze Löcher und Nebel – das Weltall fasziniert Kinder. Was sie an wolkenlosen Nächten am Himmel mit dem bloßen Auge erkennen können, wird durch Teleskope zum Greifen nah. Julius erklärt Kindern, wie das Universum entstanden ist und wie es zusammenhängt. Er nimmt sie mit auf die wichtigen Entdeckungsreisen der Menschheit und weiht sie in spannende Zukunftsprojekte ein. Geniale Experimente und coole DIY-Ideen runden Julius' Forscherwissen ab.

IMPRESSUM

© 2022 Olivia Verlag München
1. Auflage 2022

Olivia Verlag e. K.
Frickastraße 14
80639 München

olivia-verlag.de
julius-forscht.de

Alle Rechte, auch die des auszugsweisen Abdrucks oder der Reproduktion einer Abbildung, sind vorbehalten. Das Werk einschließlich aller seiner Teile ist urheberrechtlich geschützt. Jede Verwertung ohne Zustimmung des Verlages ist unzulässig. Dies gilt insbesondere für Vervielfältigungen, Übersetzungen, Mikroverfilmungen und die Einspeicherung und Verarbeitung in elektronischen Systemen.

Der Autor hat dieses Buch nach bestem Wissen und Gewissen erarbeitet. Alle Texte, Tipps und Ratschläge sind mit Sorgfalt ausgewählt, recherchiert und geprüft. Eine Hafung des Verlages und seiner Beaufragten für alle erdenklichen Schäden an Personen, Sach- und Vermögensgegenständen ist ausgeschlossen. Dieses Buch ist auf Papier aus nachhaltiger Waldwirtschaft gedruckt, klimaneutral hergestellt und der Umwelt zuliebe nicht in Plastikfolie eingeschweißt.

Aus Gründen der besseren Lesbarkeit wird auf die gleichzeitige Verwendung der Sprachformen männlich, weiblich und divers verzichtet. Sämtliche Personenbezeichnungen gelten gleichermaßen für alle Geschlechter.

Redaktion
Michael Albrecht

Texte
Michael König

Fotos
Dirk Tacke

Weitere Fotos
Alamy Stock Photo: S. 19 FUFA61, S. 82 Vitalii Kliuiev, S. 84 Michele Morrone, S. 85 Sportimage, SPP Sport Press Photo | Michael König: S. 5, 20, 21, 34, 42, 43, 74-76, 94 | Pexels: S. 78 Riccardo

Freundliche Unterstützung
ESV München e.V.

Lektorat
Kirsten Albrecht, Michael Bezold, Imren Mehmedulov, Slobodan Mijatovic, Raphael Richter, Kathrin Steinbeck

Gestaltung und Illustrationen
Katja Muggli

Druck und Bindung
Print Consult

ISBN 978-3-98215-309-4